2 페이지	우아한 공주 드레스
6 페이지	위풍당당 왕자
8 페이지	귀여운 동물 농장
12 페이지	동화 속 여주인공
14 페이지	나의 히어로
16 페이지	귀여운 캐릭터
24 페이지	즐거운 할로윈
28 페이지	귀여운 동물 모자
29 페이지	간단한 동물 머리띠
30 페이지	옛날 이야기 (일본편)
34 페이지	귀여운 소품 제작방법
37 페이지	제작방법
108 페이지	페티코트 제작방법
109 페이지	실물크기 패턴의 사용방법과 참고 치수표

CONTENTS

【 이 책에 수록된 의상 사이즈와 패턴에 대해서 】

* 이 책에 수록된 의상은 신장 100cm·110cm·120cm 세 사이즈로 만들 수 있습니다. 참고 치수표는 109페이지에 있습니다.

* 모델이 착용하고 있는 사이즈는 110cm 사이즈 입니다.
  (아동 모델들의 신장은 107cm ~115cm 입니다)

* 의상은 첨부된 부록의 실물크기 패턴을 사용하거나 응용하여 만들 수 있습니다.
  (기모노 패턴은 수록되어 있지 않습니다.)

* 실물크기 패턴(1장)은 109페이지의 실물크기 패턴 복사방법을 보고 다른 종이에 베껴서 사용해 주세요.

* 스커트 길이, 팬츠 길이는 아이 키에 맞춰서 조절해 주세요.

Tip 엄마가 만드는 특별한 아이옷
동화 속 키즈 의상 100배 활용하기!!
★ 편리한 QR코드와 키워드 사용법에 대해서
바로 만들 수 있도록 패션스타트가 추천하는 원단을 쉽고 간편하게 보여드립니다.

첫 번째 방법 :
스마트폰으로
QR코드를 찍어주세요!!

두 번째 방법 :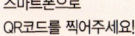
패션스타트 사이트에서
키워드를 검색해 주세요!!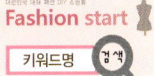

우아한 공주 드레스

하늘하늘한 드레스를 입은 공주들은 무대에서 가장 주목받는 배역입니다.
이날만은 공주가 될 수 있도록 연출해 주세요.

1 신데렐라
드레스·토시
● 제작방법 42페이지

2
원피스·에이프런·두건
● 제작방법 48페이지

① 하늘색 새틴 공단의 심플한 드레스는 망사의 오버스커트가 포인트입니다. 액세서리를 하면 아름다운 신데렐라로 변신!

② 집에서 청소할 때는 작은 꽃무늬 원피스에 에이프런과 두건을 매치해 주세요.

3 오로라 공주
잠자는 숲속의 공주

드레스 ● 제작방법 44페이지

③ 핑크 드레스는 비치는 오간자 소매와 스커트의 코르사주 장식이 포인트입니다. 왕관을 씌워 주면 진짜 공주가 된 듯한 기분이 듭니다.

4 공주님
미녀와 야수

드레스·토시 ● 제작방법 45페이지

④ 선명한 노란색의 드레스는 비치는 오간자를 사용해서 화려한 느낌을 주었습니다. 가슴에 장미 코르사주 장식을 했습니다.

5 백설공주
드레스 ● 제작방법 37페이지

6 엄지공주
드레스 ● 제작방법 47페이지

⑥ 하얀 새틴 공단에 핑크 리본 무늬 망사의 오버 스커트가 귀여운 드레스. 이 드레스의 포인트는 핑크 장미 코르사주입니다.

⑤ 파란색과 노란색의 드레스에 하얀 칼라가 멋스러운 드레스입니다. 풍성한 퍼프 슬리브에 빨간 리본으로 줄무늬를 표현합니다.

우아한 공주 드레스

7 인어공주
비키니 수영복 · 랩스커트　● 제작방법 40페이지

8 알라딘 공주
알라딘의 요술램프
탑 · 팬츠 · 벨트　● 제작방법 39페이지

⑧ 전체를 연보라색으로 연출한 디자인. 아라비아풍의 라메 망사 벨트와 새틴 공단으로 감싼 구두, 헤어 리본에는 사파이어를 달아 주었습니다.

⑦ 조개를 모티브로한 비키니 탑에 프릴이 귀여운 랩스커트를 매치 했습니다. 은은하게 빛을 내는 진주를 이용해 장식하면 더욱 멋진 의상이 됩니다.

위풍당당 왕자

공주를 에스코트하는 위풍당당한 왕자는 모든 남자아이들이 동경하는 대상입니다.
가장 멋있어 보이도록 해주세요.

9 야수
미녀와 야수

재킷・팬츠
● 제작방법 54페이지

9 마법에 걸려 야수로 변해버린 왕자입니다.
가면을 쓰면 야수가 됩니다. 가면을 벗고 멋진 왕자님으로 변신해 보세요.

A 가면
● 제작방법 36페이지

귀여운 동물 농장

따뜻함이 느껴지는 덤블링 원단으로 만든 귀여운 동물 의상. 귀와 꼬리만 바꿔주면 여러 가지 동물로 변신이 가능합니다.

12 원숭이

13 양

14 토끼

15 곰

● 제작방법 58페이지

펠트를 달거나 구부린 귀, 털방울로 만든 동그랗거나 긴 꼬리로 자신만의 캐릭터를 표현해 보세요.

 귀여운 동물 농장

● **제작방법 58페이지**

쥐는 회색, 고양이는 흰색, 늑대는 카키색, 돼지는 핑크색을 사용해 만들었습니다. 동물의 색상에 맞춰 덤블링 원단의 색을 고르면 더욱 동물 캐릭터와 가깝게 제작할 수 있습니다.

동화 속 여주인공

여자아이라면 누구라도 귀여운 동화 속 인물이 되고 싶은 법이죠. 귀여운 여주인공들의 의상을 소개합니다.

20 빨간 망토

망토·원피스·에이프런
● 제작방법 62페이지

「빨간 망토야 어디 가니?」
늑대가 물었습니다.

20
후드 달린 빨간색의 망토가 필수품인 빨간 망토. 하의는 깅엄 체크의 원피스와 하얀색의 에이프런으로 귀엽게 매치하였습니다.

「할머니 댁에 놀러가요 ♪」

나의 히어로

해적을 무찌르거나 나쁜 사람을 물리치는 정의의 사나이는 언제봐도 멋있습니다. 남자아이들이 동경하는 히어로입니다.

㉓ 신밧드
신밧드의 모험

조끼 · 팬츠 · 터번 · 벨트
● 제작방법 66페이지

절대 지지 않겠어!

이 검이 보이는가?

터번을 쓰고 싸우는 신밧드 의상은 컬러풀한 색상으로 만드는 것을 추천합니다.

24 알라딘
알라딘의 요술램프

조끼·팬츠·터번·벨트
● 제작방법 66페이지

25 피터팬

의상·모자·신발
● 제작방법 68페이지

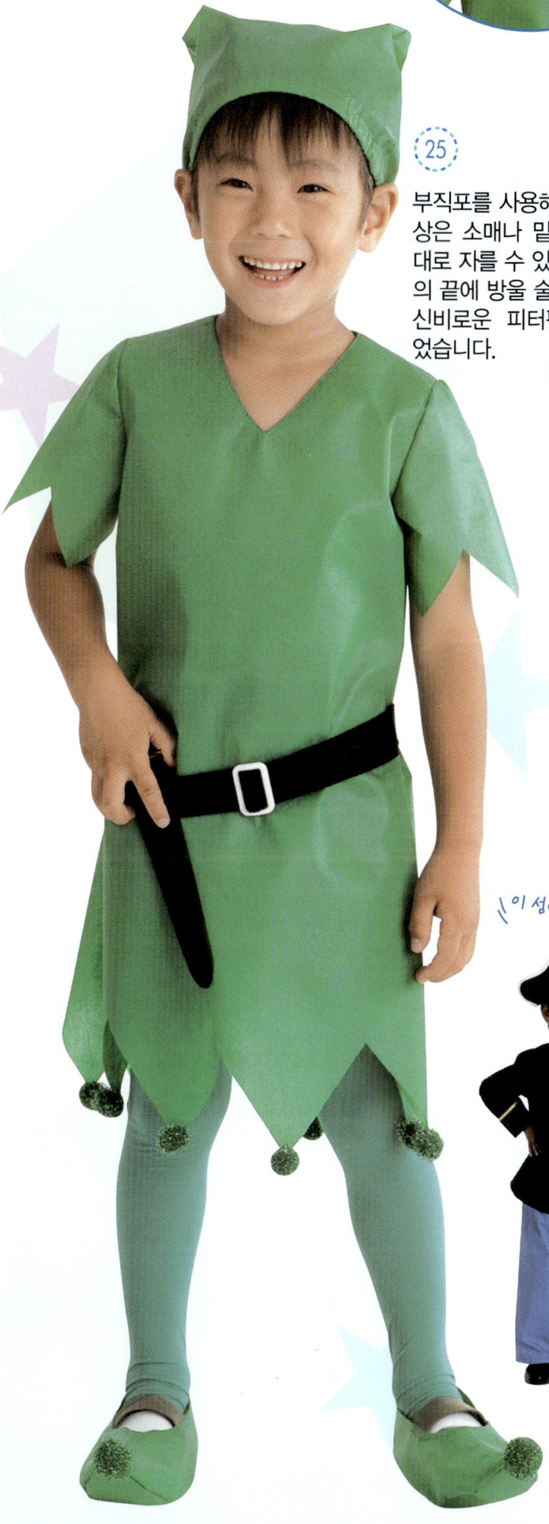

㉕ 부직포를 사용해 만든 이 의상은 소매나 밑단을 원하는 대로 자를 수 있습니다. 각각의 끝에 방울 술장식을 달아 신비로운 피터팬이 완성되었습니다.

㉔ 화려한 블레이드를 이용한 롱 조끼에 라메 망사의 벨트를 매치하여 심플하지만 화려한 분위기를 연출합니다.

《이 섬엔 들어올 수 없어!》

귀여운 캐릭터

주인공은 아니지만, 중요한 역할의 캐릭터 의상을 소개합니다.
조금 변형하면 여러 가지 이야기에 사용할 수 있습니다.

26 웬디 피터팬
원피스 ● 제작방법 48페이지

27 팅커벨 피터팬
원피스 ● 제작방법 50페이지

B 팅커벨 날개
● 제작방법 36페이지

빨리 꿈의 성으로 가자!
이쪽이야 이쪽~

이 날개라면
어디든지 갈 수 있어~

26 사랑스러운 핑크색의 새틴으로 만든 짧은 소매의 심플한 원피스. 롱 길이로 밑단에 프릴을 달아 귀여운 분위기를 연출했습니다.

27 무릎 길이의 깔끔한 원피스에 달린 주름을 잡은 오간자와 새틴 공단의 귀여운 소매가 팅커벨과 어울리는 의상입니다.

E 왕관
● 제작방법 34페이지

31 왕자
블라우스·팬츠·망토
● 제작방법 72페이지

32 할머니
원피스·에이프런·보닛
● 제작방법 71페이지

31 근엄한 듯한 모습의 의상은 화려한 색상으로 만들었습니다. 빨간 망토 둘레는 황금빛깔의 새틴 공단으로 포인트를 주었습니다. 왕관도 잊지 말고 꼭 만들어 주세요.

32 빨간 망토에 등장하는 할머니. 베이지색 원단에 프린트된 빨간 장미가 편안함과 귀여움을 더합니다.

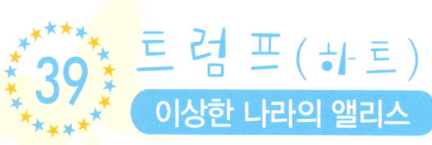

39 트럼프(하트)
이상한 나라의 앨리스
트럼프 의상 ● 제작방법 79페이지

K 하트 창
● 제작방법 35페이지

트럼프들아 힘내!!
어라? 지금이 몇시지?

40 트럼프(스페이드)
이상한 나라의 앨리스
트럼프 의상 ● 제작방법 79페이지

L 스페이드 창
● 제작방법 35페이지

39 하얀 부직포에 멜트필름을 붙여 하트와 스페이드 마크를 붙였습니다.

40 옆에는 고무줄을 달아 입고 벗기 편하게 만들었습니다.

41 꽃의 요정
원피스 ● 제작방법 50페이지

42 나비 요정
원피스 ● 제작방법 50페이지

귀여운 캐릭터

M 더듬이
● 제작방법 35페이지

N 나비 날개
● 제작방법 36페이지

㊶ 소매는 오간자와 튈 망사. 밑단에는 새틴과 튈 망사에 펄 비즈로 고정한 꽃을 장식했습니다.

㊷ 꽃 주변을 날아다니는 나비. 도트 무늬의 오간자로 소매와 날개를 만들고, 노란색 철사를 둥글게 말아 더듬이를 만들었습니다.

즐거운 할로윈

즐거운 할로윈 의상은 무대의상으로도 딱입니다!!
오렌지색이나 검은색으로 귀엽고 멋있게 만들어 봅시다.

44 박쥐
망토·팬츠
● 제작방법 100페이지

43 호박
롬퍼스 ● 제작방법 98페이지

43 신발 커버
● 제작방법 26페이지

43 할로윈에는 역시 호박! 유니크한 호박의 얼굴은 검은 펠트로, 칼라는 녹색으로 만들었습니다. 신발 커버도 만들어 전신을 귀여운 호박으로 표현하였습니다.

44 검은 망토와 팬츠의 옆선에 은색으로 장식을 넣었습니다. 망토의 칼라를 세워주는 것이 이 의상의 포인트입니다.

즐거운 할로윈
●귀여운 소품 제작방법●

46 할로윈 마녀 모자

43 호박 의상의 신발 커버

---

43 ∗ 호박 의상의 신발 커버

재료
- 겉감 (폴리에스테르 새틴 공단) 122cm폭 30cm
- 고무줄 8mm폭 40cm
- 방울솜 약간
- 양면 접착테이프 약간

사용패턴 … 95페이지

하드세틴 공단

겉감 재단방법

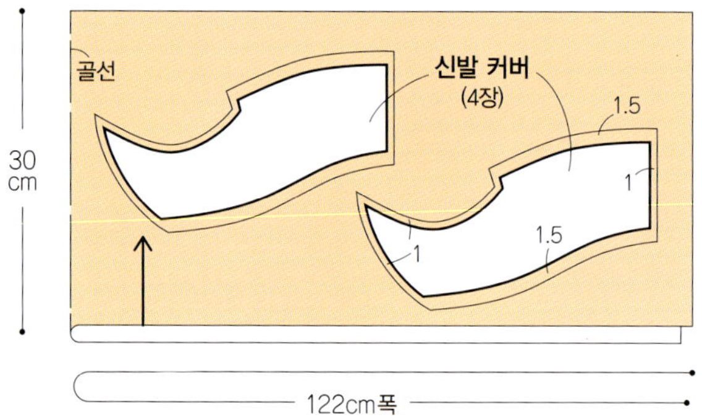

골선 / 신발 커버 (4장) / 1.5 / 1 / 1.5 / 1
30cm / 122cm폭

43의 제작방법

1 신발 커버 2장을 겹쳐서 발등부터 앞꿈치, 뒤꿈치 부분을 봉합한다.

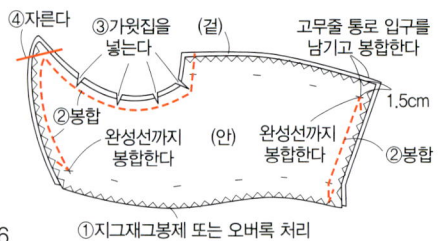

④자른다 / ③가윗집을 넣는다 / (겉) / 고무줄 통로 입구를 남기고 봉합한다 / 1.5cm / ②봉합 / 완성선까지 봉합한다 / (안) / 완성선까지 봉합한다 / ②봉합 / ①지그재그봉제 또는 오버록 처리

2 발 넣는 입구 둘레를 접어 뒤집어서 봉합한다.

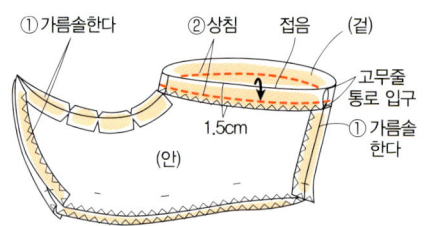

①가름솔한다 / ②상침 / 접음 / (겉) / 고무줄 통로 입구 / 1.5cm / ①가름솔한다 / (안)

3 바닥의 시접을 접어 봉합한다.

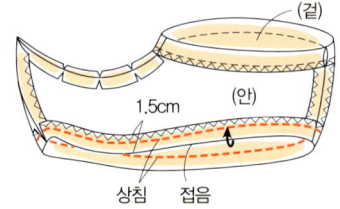

(겉) / 1.5cm / (안) / 상침 / 접음

4 고무줄을 통과시킨다.

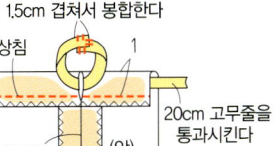

43 완성

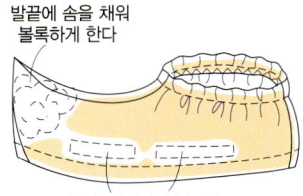

46 ✻ 할로윈 마녀 모자 (머리둘레 52·54·56cm)

재료
- A원단 (두꺼운 펠트) 116cm폭 40cm
- B원단 (폴리에스테르 새틴 공단) 15cm폭 15cm
- 바이어스테이프 11mm폭 약 120cm
- 소프트 와이어 굵기 2mm 약 120cm
- 패브릭 본드

두꺼운 접착심으로 만들어져 있기 때문에 다리미는 사용하지 않도록 주의해 주세요.

사용패턴 … 97페이지
아플리케 도안 … 96페이지

A원단 재단방법

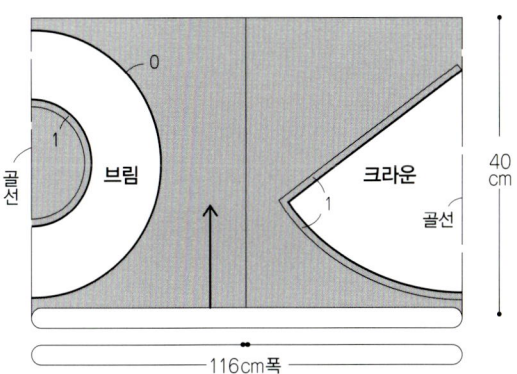

46의 제작방법

1 아플리케를 패브릭 본드로 붙인다.

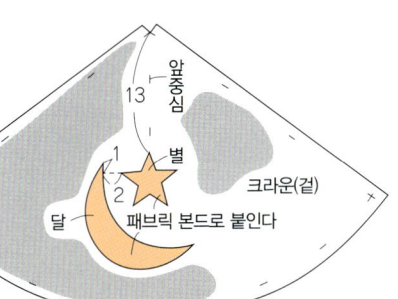

2 크라운의 뒷중심선을 봉합한다.

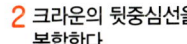

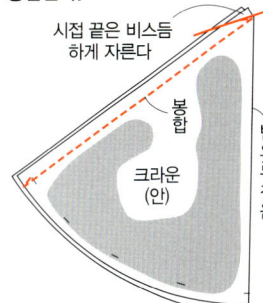

3 브림의 바깥쪽 둘레를 바이어스 테이프로 감싸고 와이어를 통과시킨다.

4 크라운과 브림을 봉합한다.

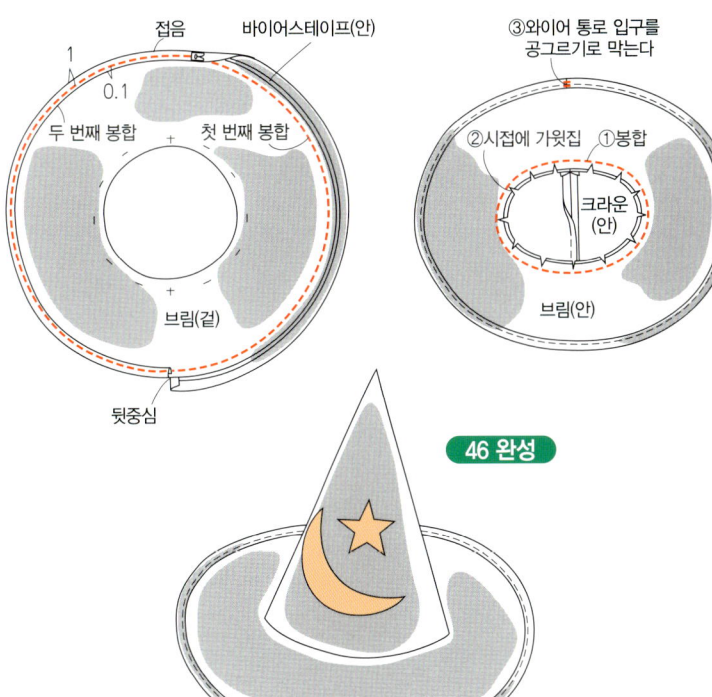

46 완성

바이어스 처리와 와이어 통과시키는 방법

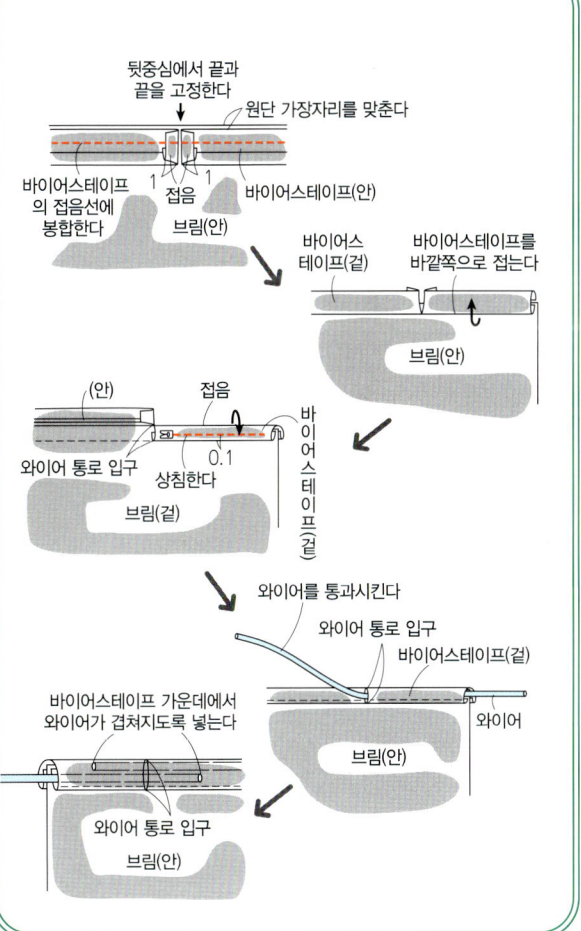

귀여운 동물 모자

간단하게 연결해서 만들 수 있는 조끼, 귀여운 귀나 눈이 달린 모자를 쓰고 동화 속에 나오는 동물이 되어봅시다.

47 개구리
엄지 공주
올인원・조끼・나비 넥타이・모자
● 제작방법 80페이지

48 토끼
이상한 나라의 앨리스
올인원・조끼・나비 넥타이・모자
● 제작방법 80페이지

○ 시계
● 제작방법 35페이지

엄지 공주를 아들 신부로 맞겠다!

(47) 눈은 펠트로 만들었습니다. 빨간 나비 넥타이와 녹색 장갑을 끼면 멋진 개구리 완성됩니다.

(48) 푹신푹신한 보아 원단에 핑크색 펠트를 달아 만든 귀여운 모자. 물론 시계도 잊지 말고 만들어 주세요!

간단한 동물 머리띠

덤블링 원단에 펠트로 만든 귀를 붙인 동물 머리띠.
이것만 있으면 바로 동물 역할로 변신이 가능합니다.

49 곰

50 고양이

51 토끼

귀가 달린 머리띠
● 제작방법 82페이지

곰은 갈색, 고양이는 흰색, 토끼는 핑크색으로 만들었습니다. 여자아이·남자아이 모두 쓸 수 있습니다.

56 우라시마 타로

기모노·팬츠·도롱이·다리 보호대
● 제작방법 92페이지

깜박했다!
빨리 돌아가야해.

이 섬에서
즐겁게 놀다가세요 ♪

56 기모노 허리에 짧은 도롱이를 둘러주면 우라시마 타로가 됩니다. 도롱이는 비닐끈을 가늘게 찢어 만들었습니다.

57 예쁜 녹색의 기모노는 소매 아래를 넓게 하고, 스커트는 로즈 핑크 색상의 새틴에 리본 무늬의 망사를 겹쳐 완성했습니다.

옛날 이야기 (일본편)

57 용궁 공주
우라시마 타로
기모노・스커트 ● 제작방법 90페이지

58 여자아이
기모노 ● 제작방법 88페이지

(58) 옛날 이야기에 등장하는 여자아이. 이 책에서는 귀여운 토끼무늬의 기모노를 만들었지만, 이야기에 따라 다양한 무늬의 기모노를 만들어 보세요.

귀여운 소품 제작방법

17 페이지 C

모자 (머리 둘레 = 52~56cm)

● 재료
겉감 (펠트) 검은색 100cm폭 20cm
배색천 (펠트) 흰색 10cm폭 10cm
바이어스테이프 0.8cm폭 약 70cm
하얀 깃털 길이 15cm 1개
빨간 깃털 길이 8cm 1개
★실물크기 패턴은 B면에 있습니다.

● 제작방법 ●

● 바이어스테이프 봉합방법 ●

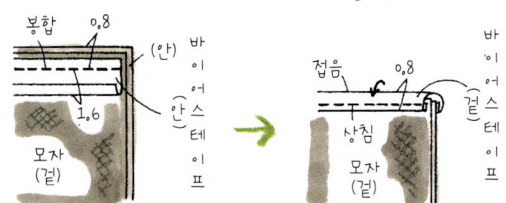

17 페이지 D

후크

● 재료
페트병 (1리터 원통형) 1개
굵기 9mm의 철사(몰) 25cm (은색) 1개
검은색 테이프

● 제작방법 ●

18 페이지 E

왕관 (머리둘레 = 54cm)

● 재료
굵기 6mm의 철사(몰) 24cm (골드) 3개
굵기 6mm의 철사(몰) 24cm (빨간 라메) 1개
굵기 9mm의 철사(몰) 25cm (골드) 6개

● 제작방법 ●

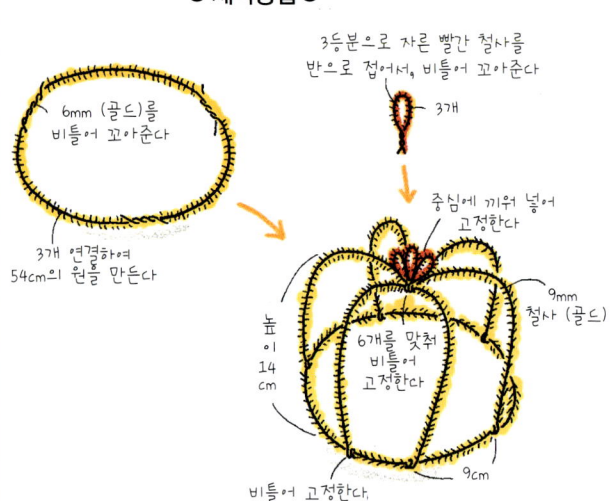

19 페이지 F

천사 링

● 재료
굵기 9mm의 철사(몰) 25cm (흰색) 2개
굵기 6mm의 철사(몰) 24cm (은색) 1개
시중에 판매되고 있는 머리띠 1개

● 제작방법 ●

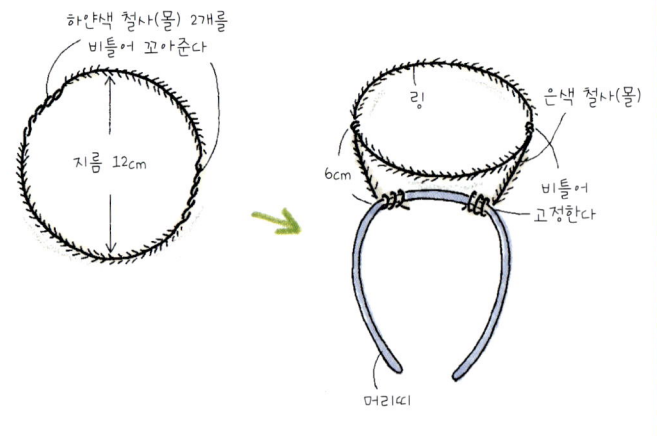

21 페이지 J 모자

●재료
겉감 (오간자) 보라색
112cm폭 50cm
시중에 판매되고 있는 파티용 뿔 모자 1개

●제도●
●제작방법●

20 페이지 H 21 페이지 I 수염 (1개분)

●재료
두꺼운 종이 (흰색) 20cmX20cm
방울솜 적당량
고무줄 0.3cm폭 22cm
패브릭 본드

●제도●
●제작방법●

22 페이지 K 22 페이지 L 하트와 스페이드 창

●재료 (1개분)
겉감 (펠트) 빨간색 (K) 검은색 (L)
25cm폭 15cm
두꺼운 종이 (흰색) 25cmX15cm
0.3cmX0.3cm의 나무 막대기 90cm
비닐테이프 (빨간색·검은색) 약간
두께 9mm의 철사 25cm (은색) 2개
패브릭 본드

펠트지

●제작방법●

★실물크기 패턴은 77페이지에 있습니다.

23 페이지 M 더듬이

●재료
굵기 9mm의 철사(몸) 25cm (노란색) 2개
시중에 판매되고 있는 머리띠 1개

머리띠

●제작방법●

28 페이지 O 시계

●재료
두꺼운 종이 (흰색) 15cmX15cm
빨간 색종이 15cmX15cm
체인 (골드) 60cm
O링 (골드) 2개
반짝이 풀 (빨강) 약간
패브릭 본드

●제작방법●

★실물크기 패턴은 94페이지에 있습니다.

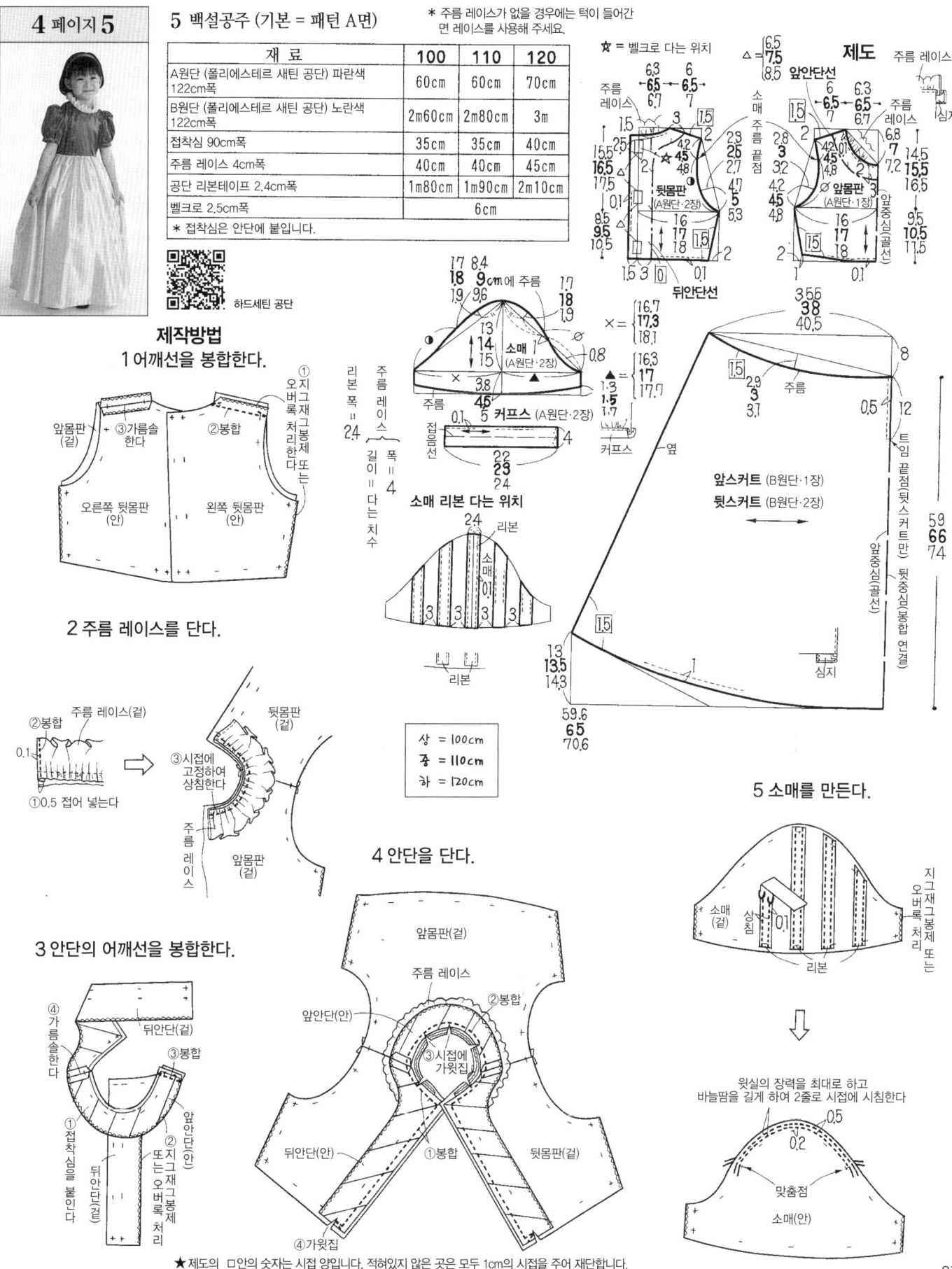

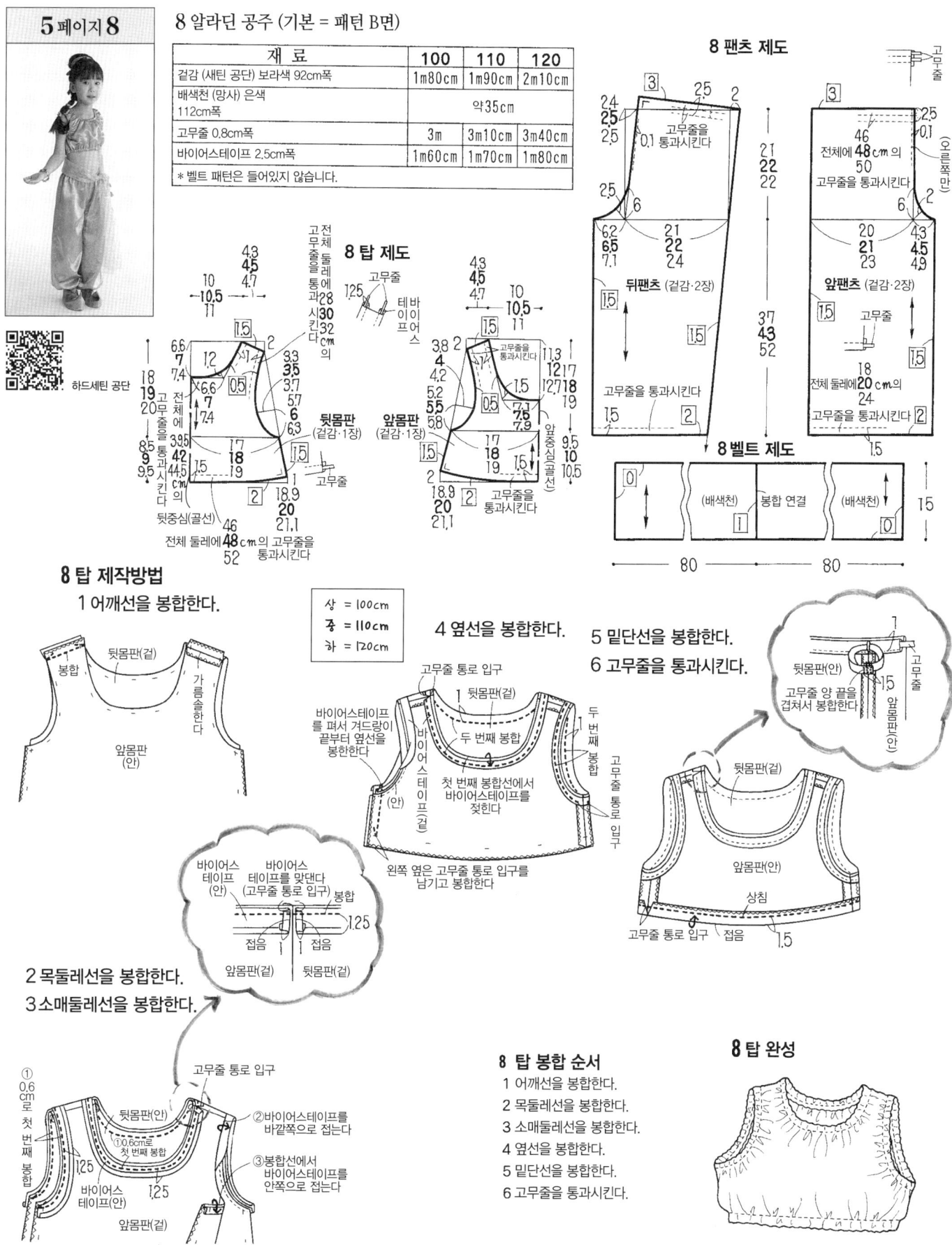

8 팬츠 제작방법

1 옆선을 봉합한다.
2 밑아래를 봉합한다.

3 밑위를 봉합한다.

4 허리둘레를 봉합하고, 고무줄을 통과시킨다.

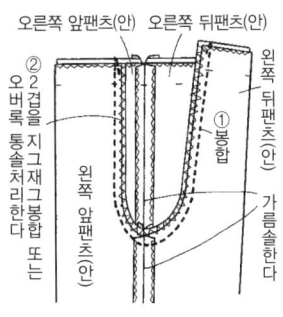

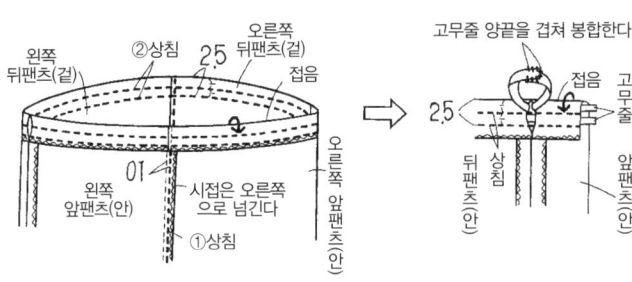

8 팬츠 봉합순서
1 옆선을 봉합한다.
2 밑아래를 봉합한다.
3 밑위를 봉합한다.
4 허리둘레를 봉합하고, 고무줄을 통과시킨다.
5 밑단선을 봉합하고, 고무줄을 통과시킨다.
6 벨트를 만든다.

5 밑단선을 봉합하고, 고무줄을 통과시킨다.

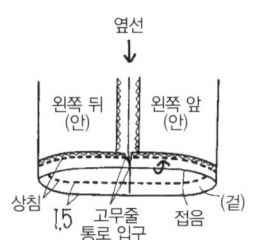

8 벨트 완성
8 팬츠 완성

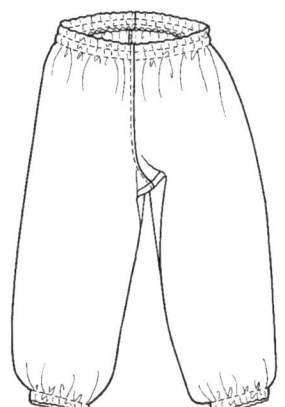

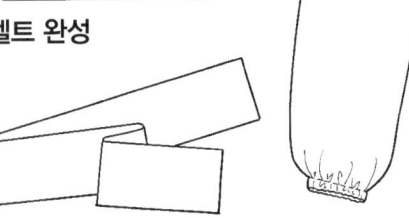

7 인어 공주 (기본 = 패턴 A면)

재 료	100	110	120
A원단 (새틴 공단) 보라색 92cm폭	70cm	80cm	80cm
B원단 (새틴 공단) 녹색 92cm폭	1m40cm	1m50cm	1m70cm
접착심 90cm폭	약 10cm		
퀼팅솜 60cm폭	약 15cm		
고무줄 0.8cm폭	1m95cm	2m10cm	2m15cm
바이어스테이프 2.5cm폭	약 1m10cm		
걸고리, 스냅단추 (대)	각 1쌍		
장식 진주	8mm 9개, 6mm 27개		

* 어깨끈, 가슴끈, 허리밴드, 프릴의 패턴은 들어있지 않습니다.
* 접착심은 허리밴드에 붙입니다.

상 = 100cm
중 = 110cm
하 = 120cm

7 랩스커트 제도

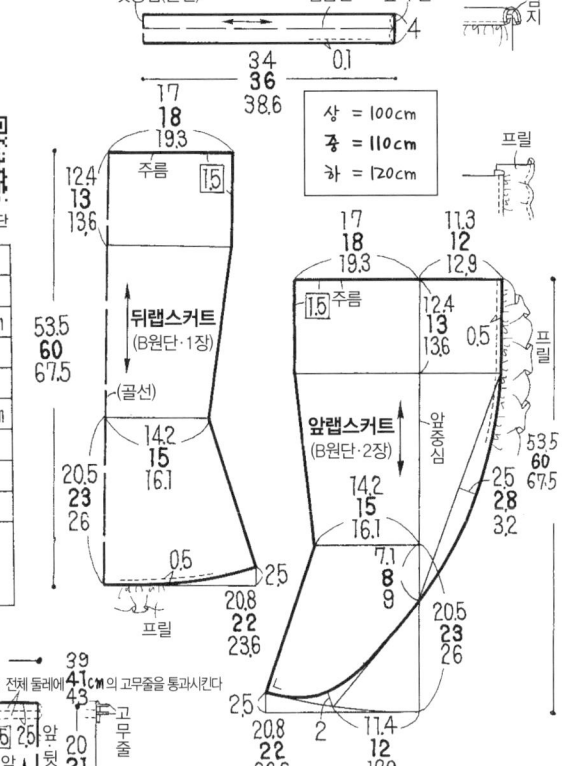

어깨끈 (A원단·2장)
7 비키니 탑 제도
가슴끈 (A원단·1장)

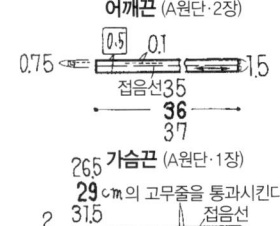
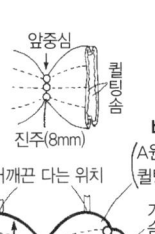
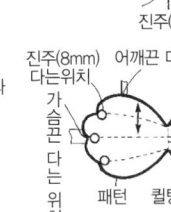

비키니 탑
(A원단, 퀼팅솜 각 2장)

팬츠 (A원단·1장)
7 비키니 팬츠 제도
프릴 (B원단)

★ 제도의 □안의 숫자는 시접 양입니다. 적혀있지 않은 곳은 모두 1cm의 시접을 주어 재단합니다.

7 비키니 탑 제작방법

1 가슴끈을 만든다.

2 어깨끈을 만든다.
3 가슴끈과 어깨끈을 끼우고, 비키니 탑을 봉합한다.

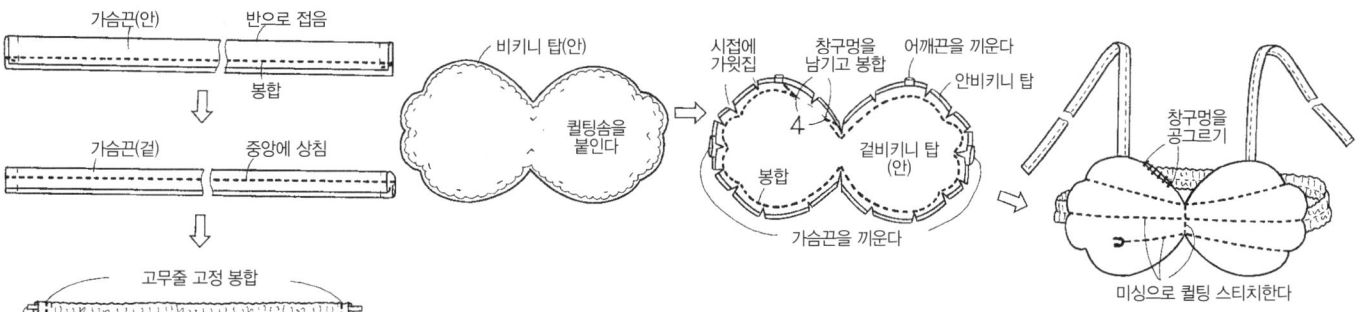

7 비키니 팬츠 제작방법

1 허벅지 둘레를 봉합한다.

2 옆선을 봉합한다.
3 허벅지 둘레에 고무줄을 통과시킨다.

4 허리둘레를 봉합하고, 고무줄을 통과시킨다.

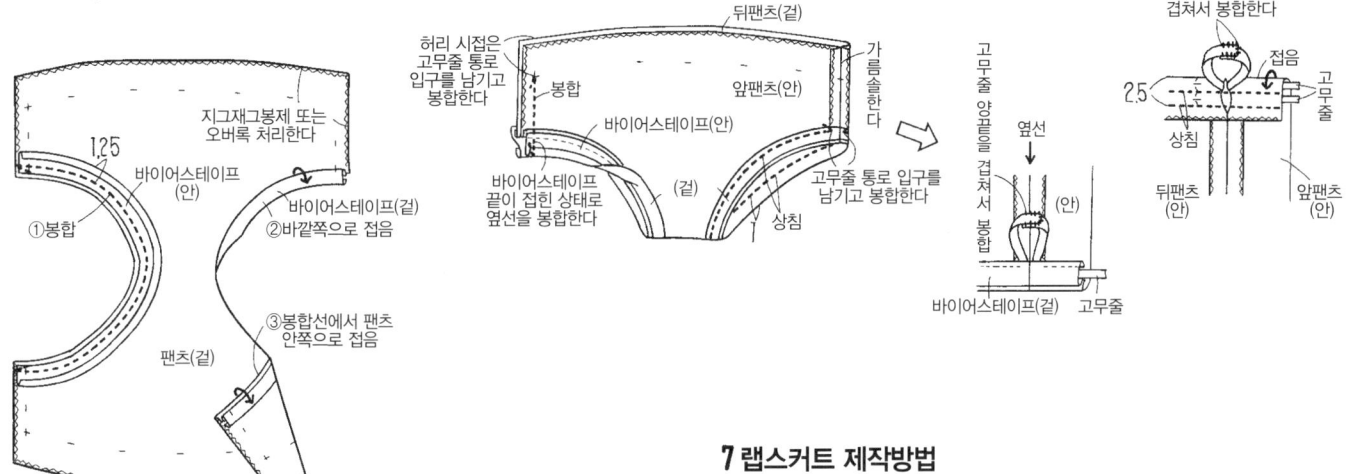

7 비키니 탑 완성

7 비키니 탑 봉합순서
1 가슴끈을 만든다.
2 어깨끈을 만든다.
3 가슴끈과 어깨끈을 끼우고, 비키니 탑을 봉합한다.

7 비키니 팬츠 완성

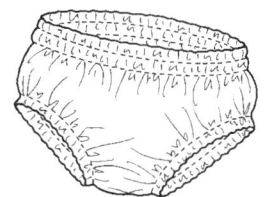

7 비키니 팬츠 봉합순서
1 허벅지 둘레를 봉합한다.
2 옆선을 봉합한다.
3 허벅지 둘레에 고무줄을 통과시킨다.
4 허리둘레를 봉합하고, 고무줄을 통과시킨다.

7 랩스커트 제작방법

1 옆선을 봉합한다.

2 프릴을 만든다.

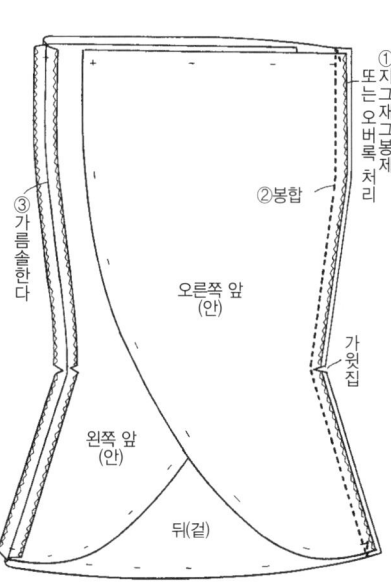

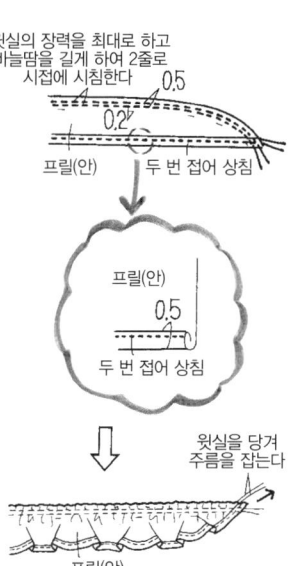

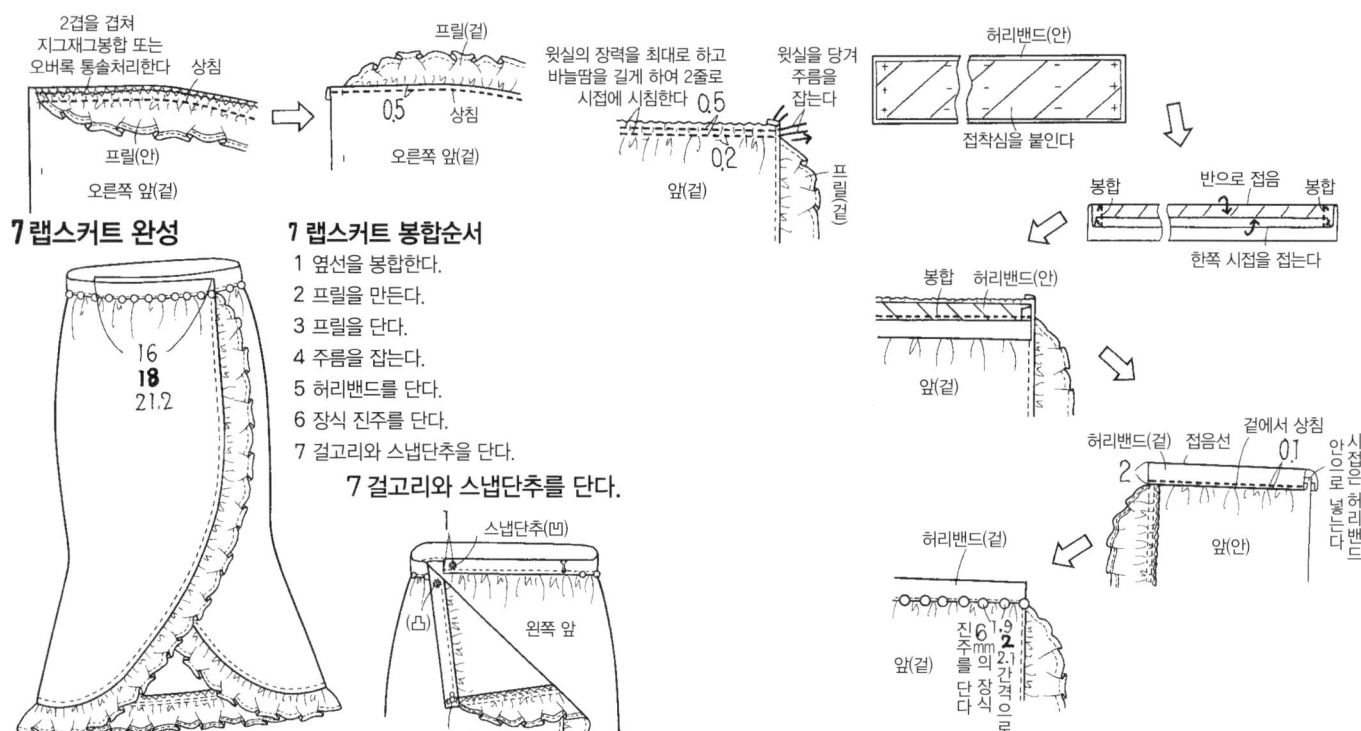

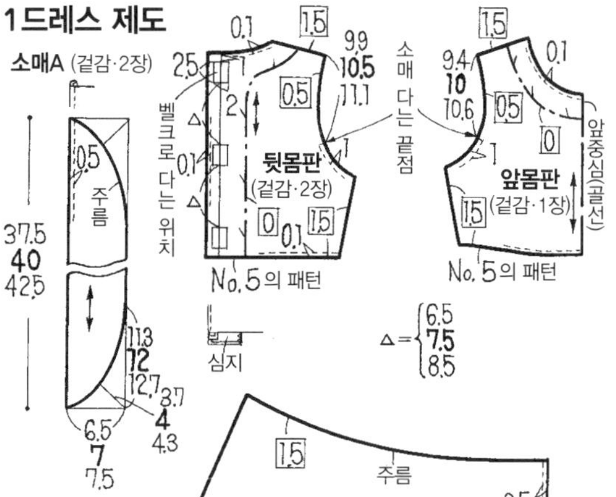

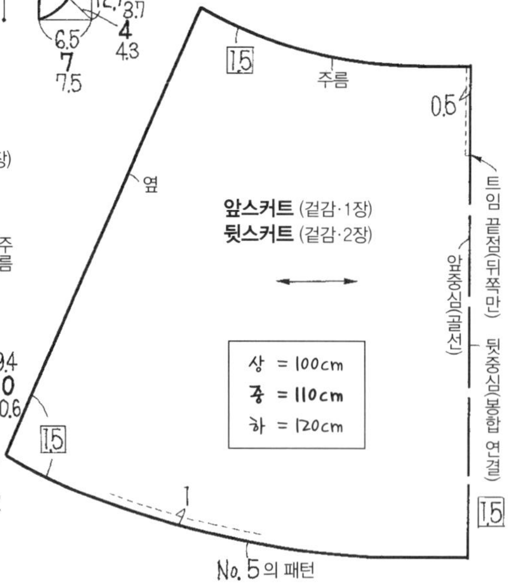

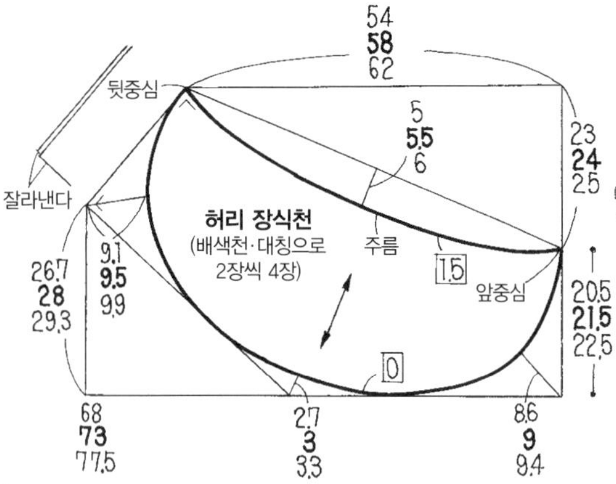

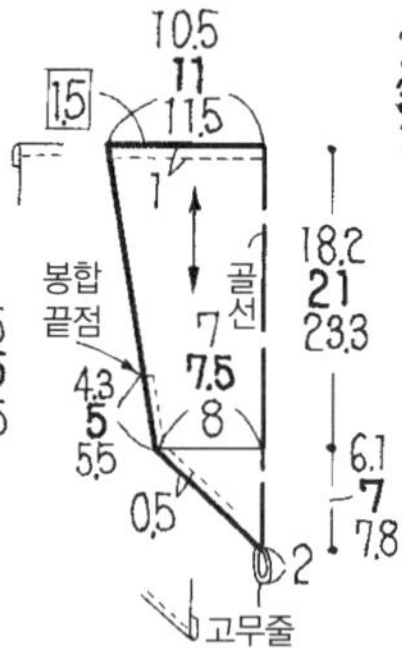

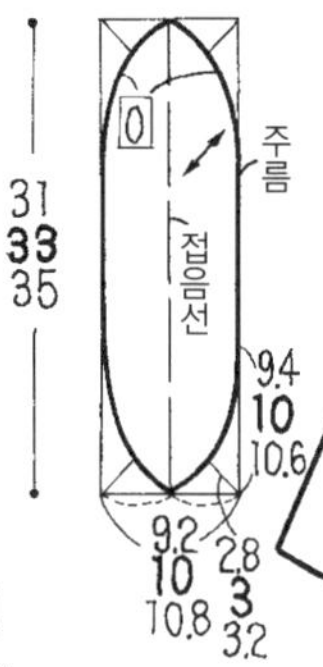

1 드레스 제작방법

●자세한 제작방법은 37페이지 5를 참고해 주세요.

4 소매를 만든다.

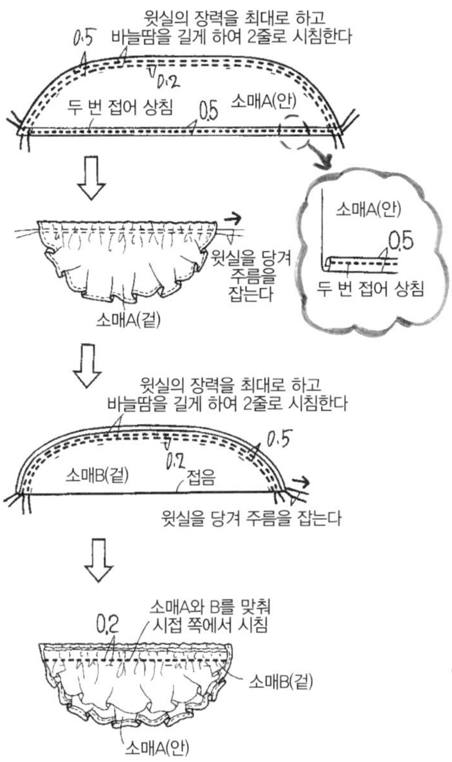

윗실의 장력을 최대로 하고
바늘땀을 길게 하여 2줄로 시침한다
0.5
0.2
두 번 접어 상침
0.5
소매A(안)
소매A(안)
0.5
두 번 접어 상침
윗실을 당겨
주름을
잡는다
소매A(겉)
윗실의 장력을 최대로 하고
바늘땀을 길게 하여 2줄로 시침한다
0.5
0.2
소매B(겉)
접음
윗실을 당겨 주름을 잡는다
소매A와 B를 맞춰
시접 쪽에서 시침
0.2
소매B(겉)
소매A(안)

5 소매를 단다.

앞몸판(겉)
봉합
소매A(안)
소매B
(겉)
1cm 겹친다
지그재그봉합 또는
오버록 통솔처리한다
바이어스테이프
(안)
1.25
뒷몸판(겉)

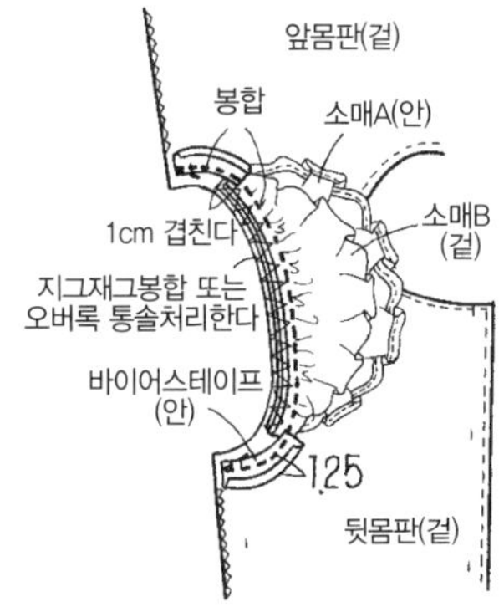

6 옆선을 봉합한다.

뒤안단
(겉)
소매B
(겉)
소매A(안)
바이어스테이프(겉)
뒷몸판(안)
바이어스테이프를
펴서 봉합한다
앞몸판
(겉)
봉합

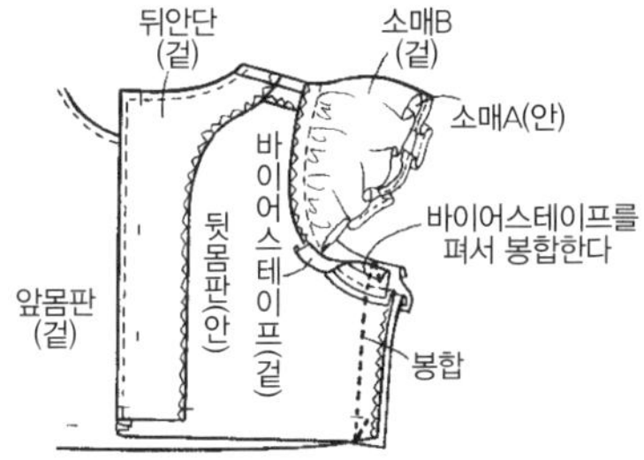

12 장식천을 만들어 스커트에 단다.

윗실의 장력을
최대로 하고
바늘땀을 길게 하여
2줄로 시침한다
0.5
0.2
윗실을 당겨 주름을 잡는다
허리 장식천(겉)
(겉)
뒷스커트(안)
시접에 고정 봉합
0.5
허리 장식천(겉)
앞스커트(겉)

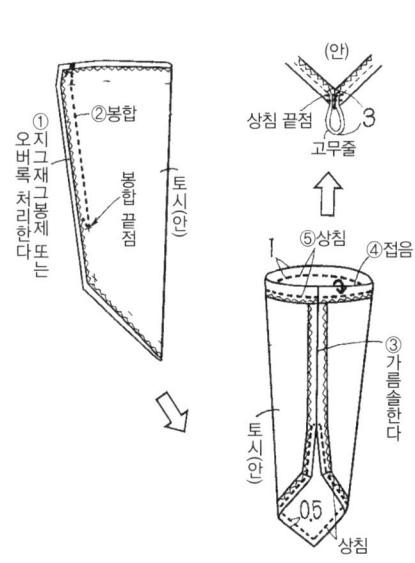

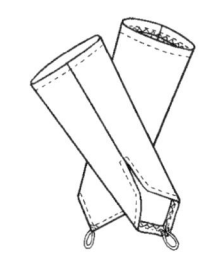

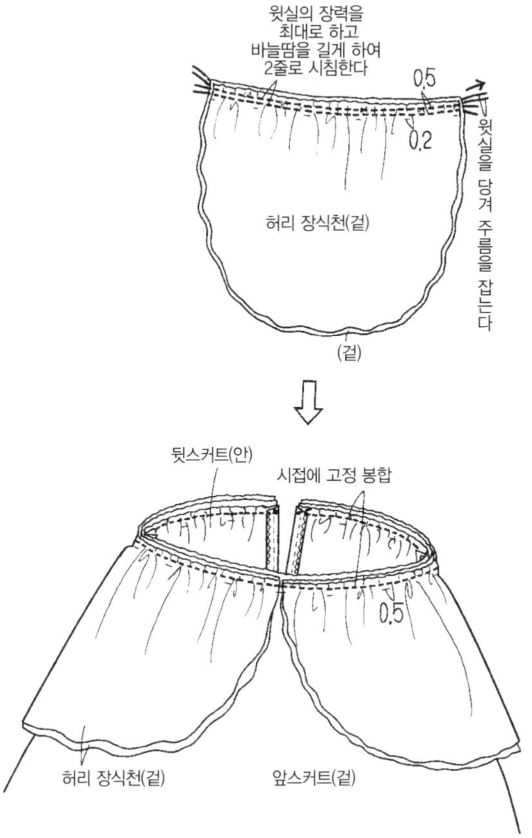

1 드레스 봉합순서

1 어깨선을 봉합한다.
2 안단의 어깨선을 봉합한다.
3 안단을 단다.
4 소매를 만든다.
5 소매를 단다.
6 옆선을 봉합한다.
7 벨크로를 단다.
8 스커트의 옆선과 뒷중심선을 봉합한다.
9 트임 부분을 봉합한다.
10 밑단선을 봉합한다.
11 주름을 잡는다.
12 장식천을 만들어 스커트에 단다.
13 몸판과 스커트를 봉합한다.

1 드레스 완성

1 토시 제작방법

①지그재그봉제 또는 오버록 처리한다
②봉합
봉합 끝점
토시(안)

(안)
상침 끝점
3
고무줄
1
⑤상침
④접음
③가름솔한다
토시(안)
0.5
상침

1 토시 완성

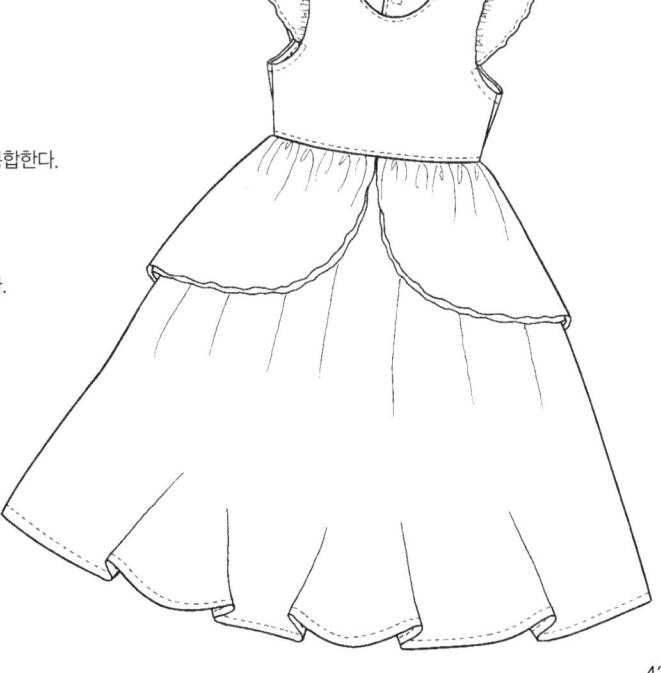

3 오로라 공주 (기본 = 패턴 B면)

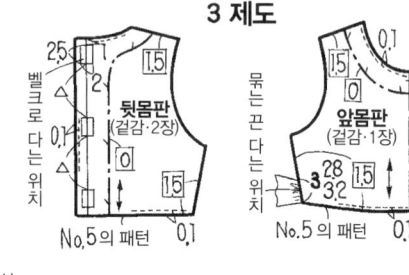

재 료	100	110	120
겉감 (폴리에스테르 새틴 공단) 핑크 122cm폭	2m60cm	2m80cm	3m
배색천A (오간자) 핑크 112cm폭	40cm	40cm	50cm
배색천B (폴리에스테르 새틴 공단) 흰색 122cm폭	60cm	70cm	70cm
접착심 90cm폭	35cm	35cm	40cm
공단 리본테이프 0.3cm폭	8m20cm	8m50cm	9m10cm
코르사주 지름 3.5cm		8개	
벨크로 2.5cm폭		6cm	
스냅단추 (대)		1쌍	

* 몸판과 스커트의 패턴은 A면 5를 사용합니다. 소매 패턴은 B면 2를 베껴 아래 그림처럼 수정해서 사용합니다. 묶는 끈의 패턴은 들어있지 않습니다.
* 접착심은 안단에 붙입니다.

3 제도

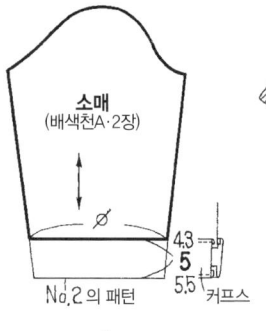
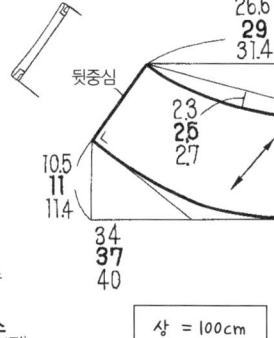
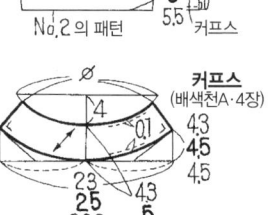
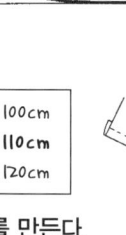

상 = 100cm
중 = 110cm
하 = 120cm

3 제작방법
● 자세한 제작방법은 37페이지의 5를 참고해 주세요.

4 묶는 끈을 만든다.
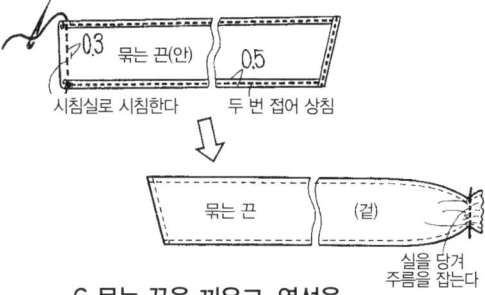

5 소매를 만든다.
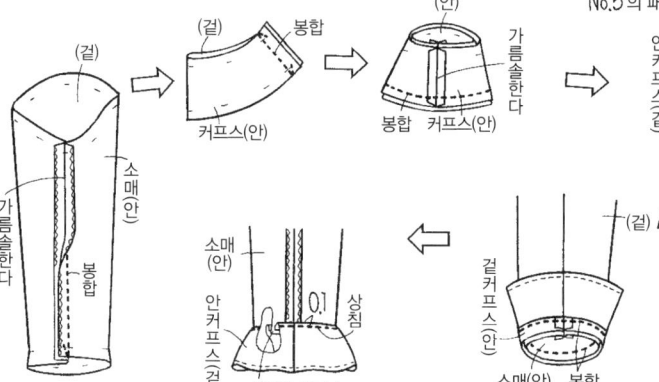

6 묶는 끈을 끼우고, 옆선을 봉합한다.
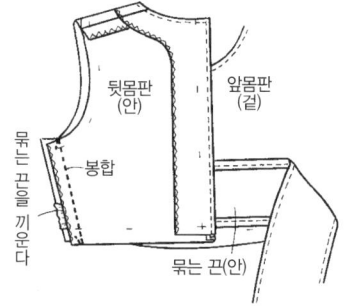

14 숄을 만든다.
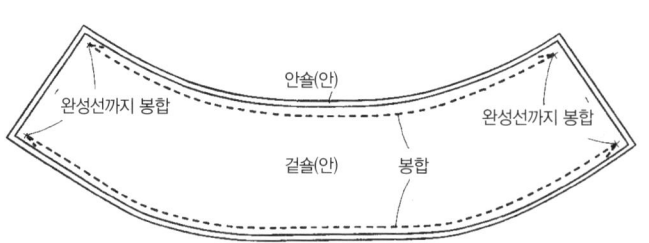

★ 제도의 □안의 숫자는 시접 양입니다. 적혀있지 않은 곳은 모두 1cm의 시접을 주어 재단합니다.

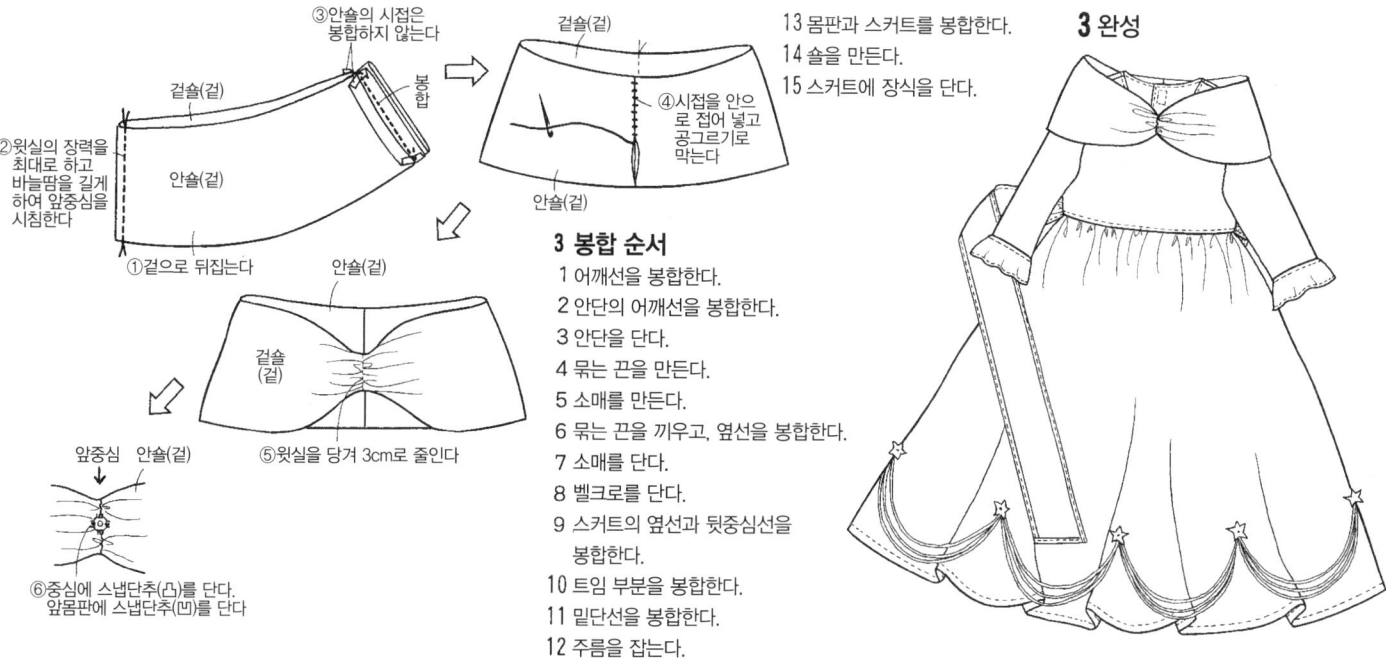

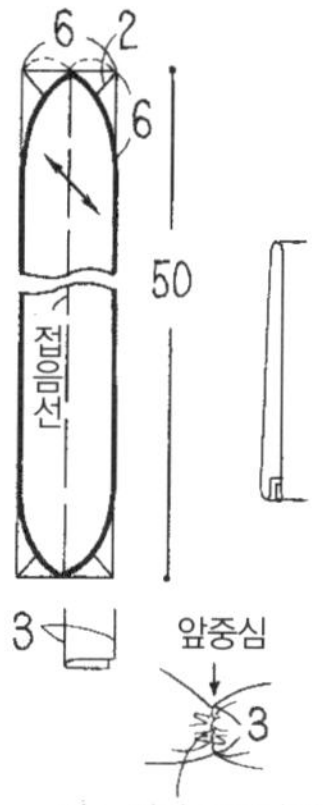

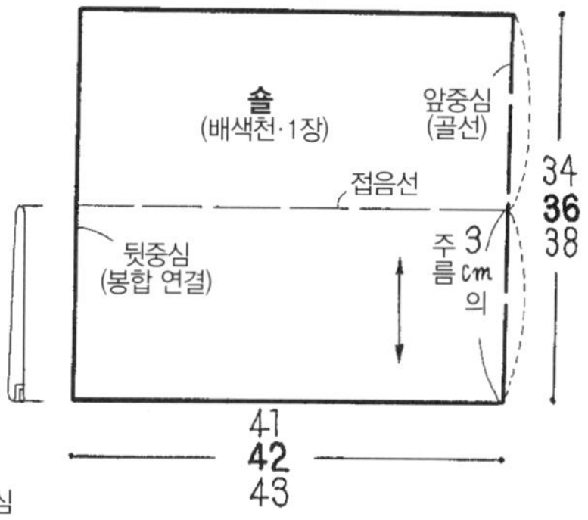

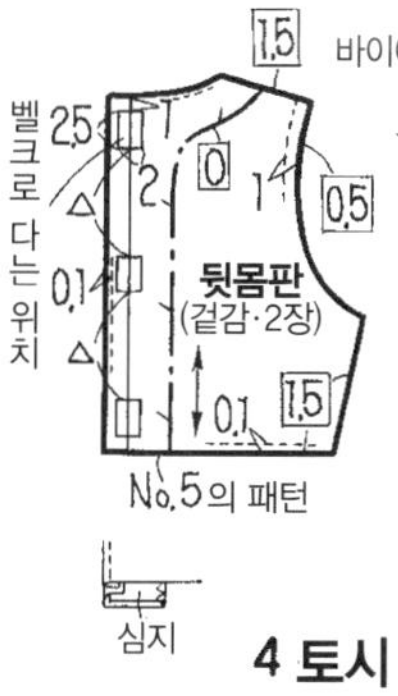

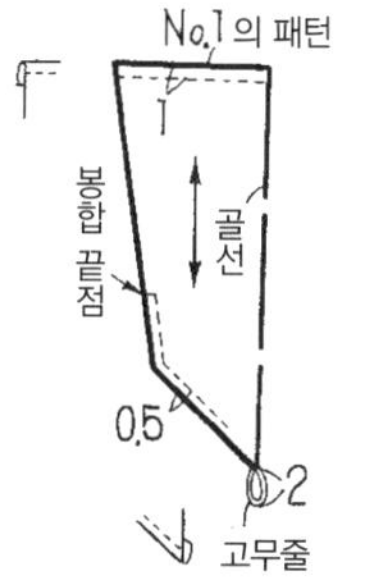

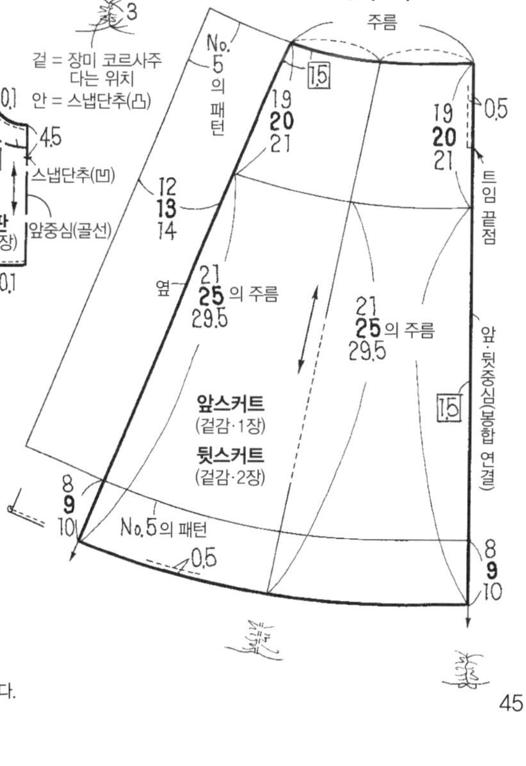

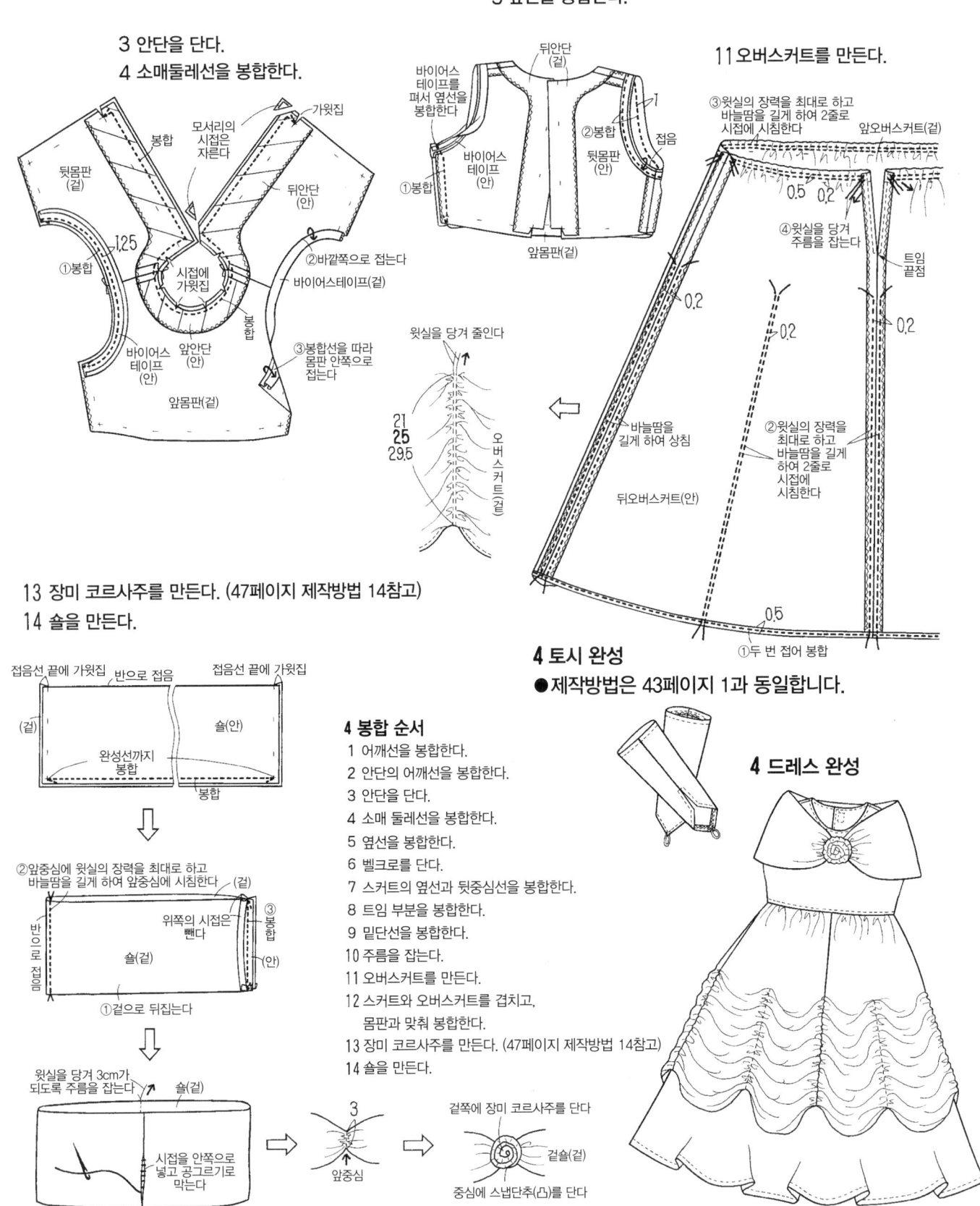

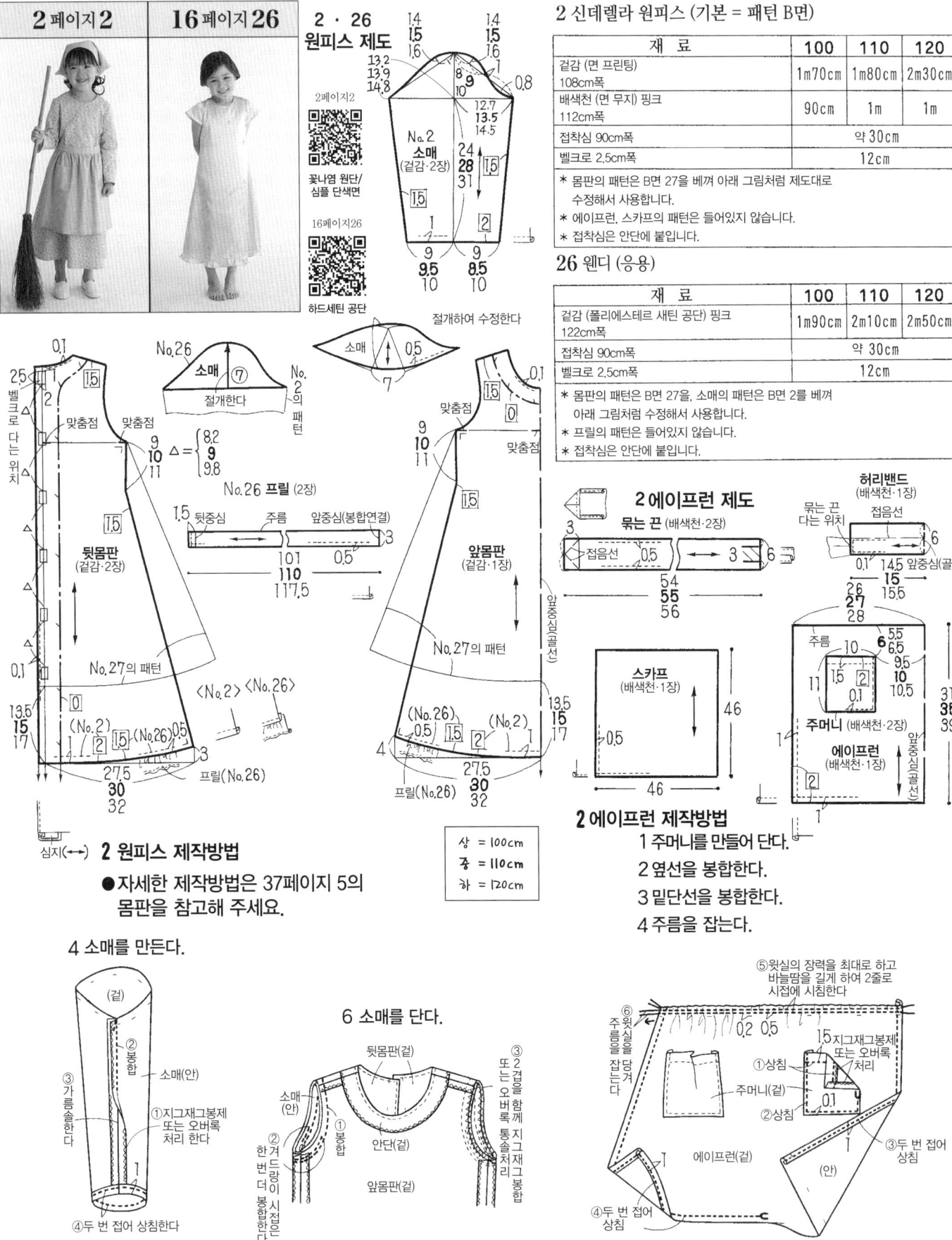

5 묶는 끈을 만든다.

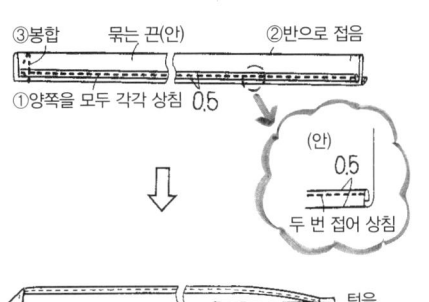

6 허리밴드를 만들어 단다.

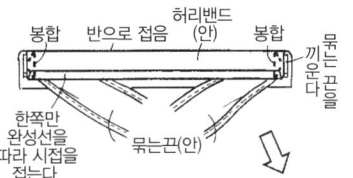

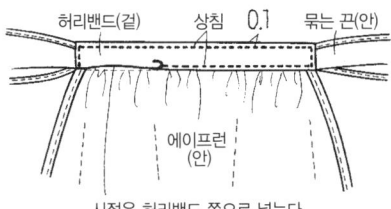

2 원피스 완성

26 제작방법
● 자세한 제작방법은 37페이지 5의 몸판을 참고해 주세요.

2 소매를 만든다.

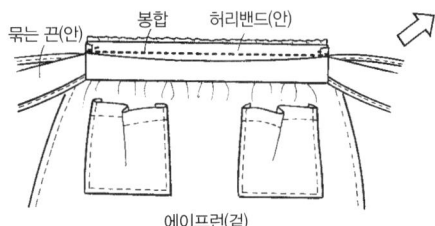

3 프릴을 만든다.

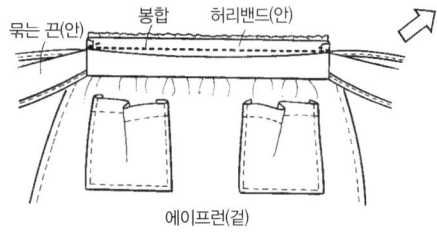

2 원피스 봉합순서
1 어깨선을 봉합한다.
2 안단의 어깨선을 봉합한다.
3 안단을 단다.
4 소매를 만든다.
5 옆선을 봉합한다.
6 소매를 단다.
7 밑단선을 봉합한다.
8 벨크로를 단다.

5 안단을 단다.

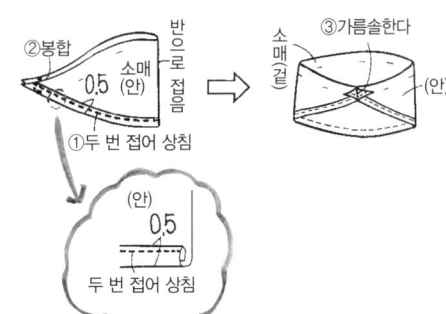

6 옆선을 봉합한다.
7 프릴을 단다.

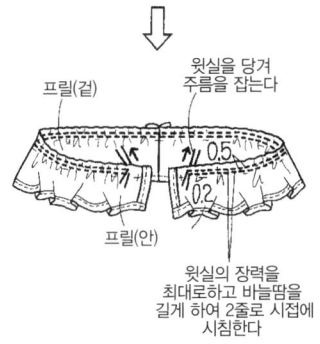

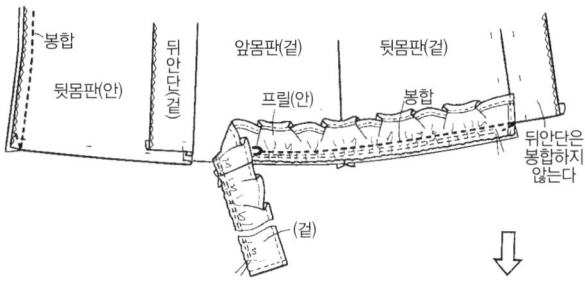

2 에이프런 완성

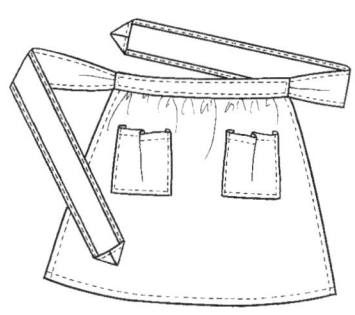

2 에이프런 봉합순서
1 주머니를 만들어 단다.
2 옆선을 봉합한다.
3 밑단선을 봉합한다.
4 주름을 잡는다.
5 묶는 끈을 만든다.
6 허리밴드를 만들어 단다.

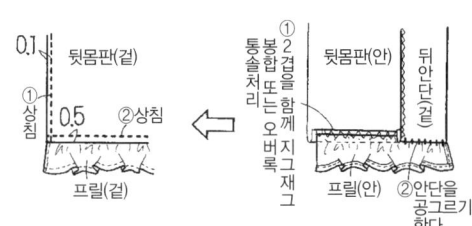

26 완성

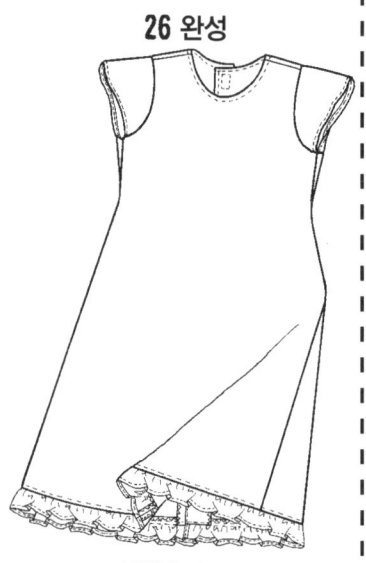

하드세틴 공단/
크리스탈 오간자

하드세틴 공단/
러블리 라셀레이스

하드세틴 공단/
드레스 망사

하드세틴 공단/
드레스 망사

26 봉합순서
1 어깨선을 봉합한다.
2 소매를 만든다.
3 프릴을 만든다.
4 안단의 어깨선을 봉합한다.
5 안단을 단다.
6 옆선을 봉합한다.
7 프릴을 단다.
8 소매를 단다.
9 벨크로를 단다.

41 꽃의 요정 (응용)

재 료	100	110	120
겉감 (폴리에스테르 새틴 공단) 핑크 122cm폭	1m40cm	1m40cm	1m60cm
배색천A (망사 레이스) 핑크 112cm폭	30cm	40cm	40cm
배색천B (망사) 진한핑크 92cm폭	40cm	50cm	50cm
꽃잎천A~C (폴리에스테르 새틴 공단) 연핑크, 연노랑, 아이보리 122cm폭	각 색 10cm		
접착심 90cm폭	약 30cm		
벨크로 2.5cm폭	10cm		
바이어스테이프 2.5cm폭	약 40cm		
새틴 공단바이어스테이프 3.2cm폭	약 50cm		
장식 진주 지름 8mm폭	12개		

* 몸판의 패턴은 B면 27을, 소매 패턴은 A면 1을 사용합니다.
* 프릴, 꽃잎A·B의 패턴은 들어있지 않습니다.
* 접착심은 안단에 붙입니다.

42 나비 요정 (응용)

재 료	100	110	120
겉감 (폴리에스테르 새틴 공단) 노란색 122cm폭	1m40cm	1m40cm	1m60cm
배색천 (망사) 노란색 92cm폭	40cm	50cm	50cm
접착심 90cm폭	약 30cm		
벨크로 2.5cm폭	10cm		
바이어스테이프 2.5cm폭	약 40cm		

* 몸판의 패턴은 B면 27을, 소매 패턴은 A면 1을 사용합니다.
* 접착심은 안단에 붙입니다.

27 팅커벨 (기본 = 패턴 B면)

재 료	100	110	120
겉감 (새틴 공단) 민트 그린 92cm폭	1m40cm	1m40cm	1m60cm
배색천 (오간자) 연한 녹색 112cm폭	30cm	30cm	40cm
접착심 90cm폭	약 30cm		
벨크로 2.5cm폭	10cm		
바이어스테이프 2.5cm폭	약 40cm		

* 소매의 패턴은 A면 1을 사용합니다
* 접착심은 안단에 붙입니다.

33 천사 (응용)

재 료	100	110	120
겉감 (폴리에스테르 새틴 공단) 흰색 122cm폭	1m40cm	1m40cm	1m60cm
배색천 (망사 레이스) 흰색 112cm폭	30cm	30cm	40cm
접착심 90cm폭	약 30cm		
벨크로 2.5cm폭	10cm		
바이어스테이프 2.5cm폭	약 40cm		

* 몸판의 패턴은 B면 27을, 소매 패턴은 A면 1을 사용합니다.
* 접착심은 안단에 붙입니다.

27·33·41·42 소매A의 제도

(No.27·33 겉감·2장)
(No.41 배색천B·2장)
(No.42 배색천·2장)

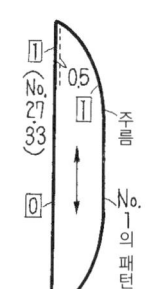

27·33·42 제도
27·33·41·42 소매B의 제도

(No.27·33·42배색천·2장)
(No.41 배색천A·2장)

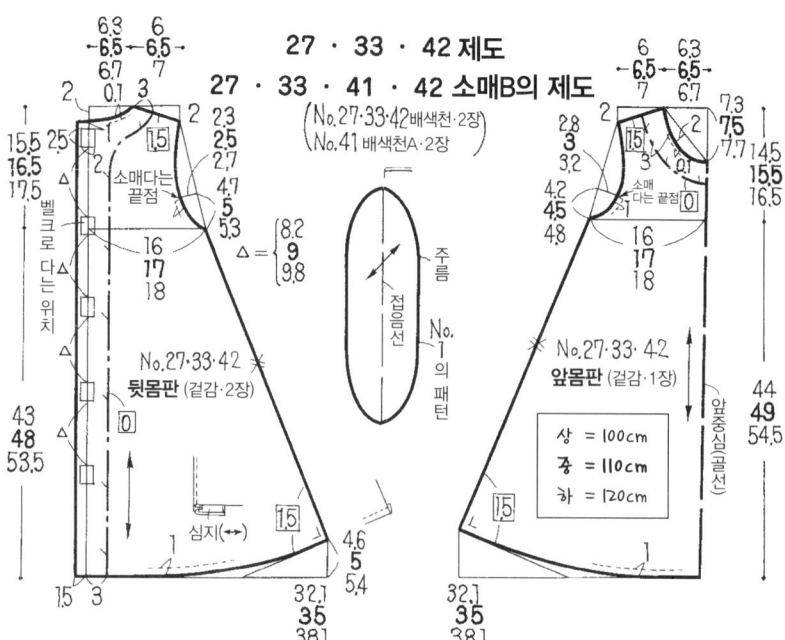

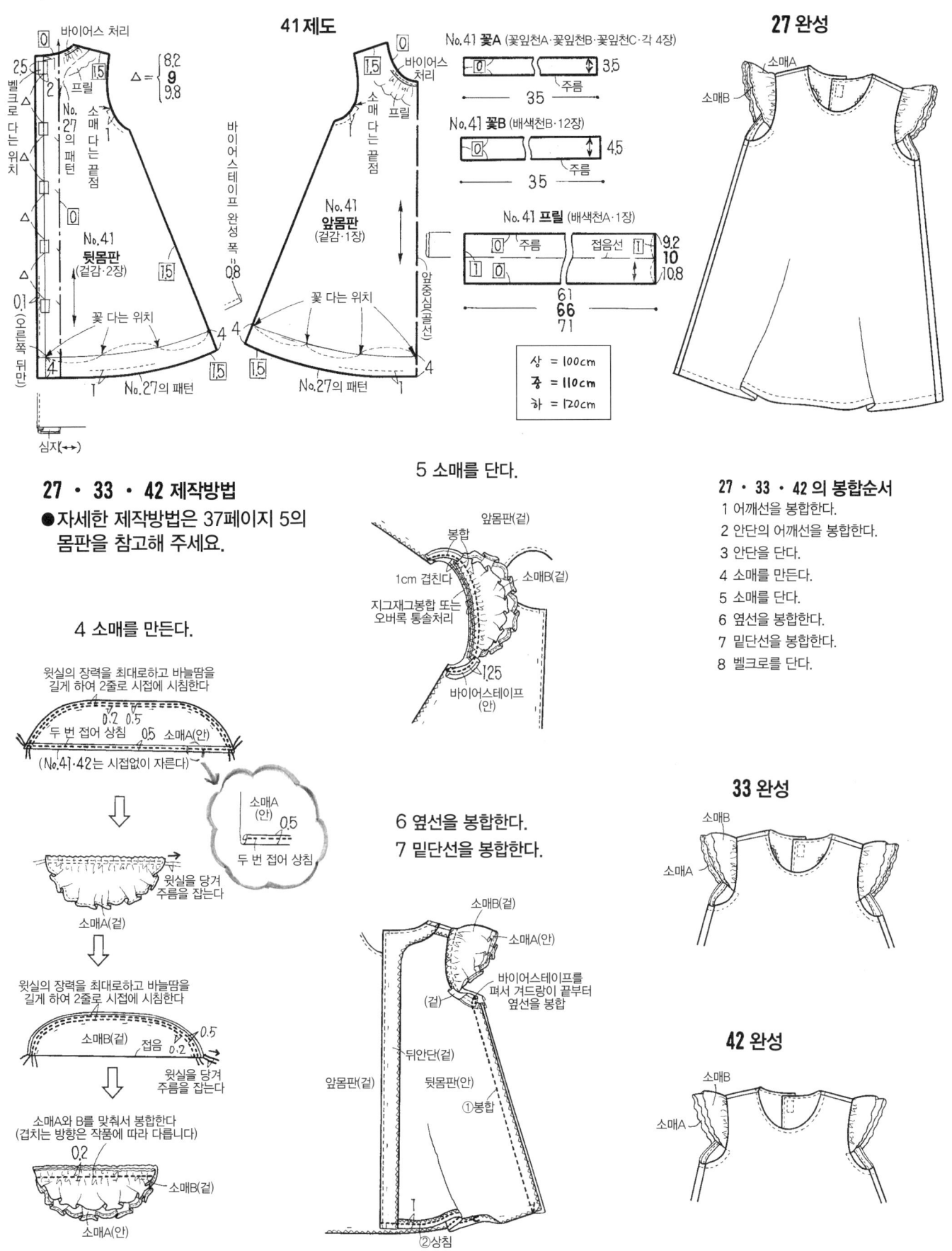

41 제작방법

● 자세한 제작방법은 37페이지 5의 몸판을 참고해 주세요.

2 프릴을 만든다.

4 바이어스 처리하여 프릴을 단다.

● 바이어스테이프 봉합방법 ●

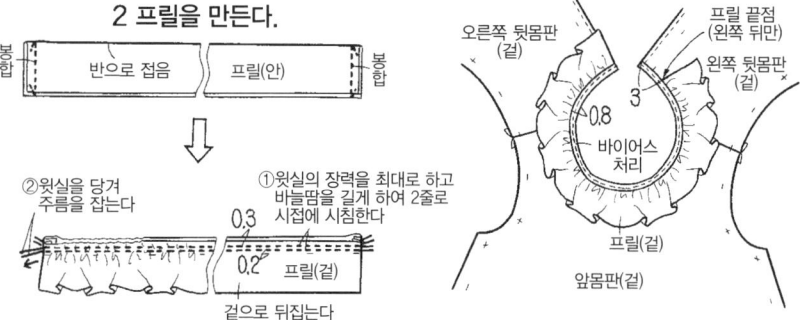

11 꽃을 만들어 단다.

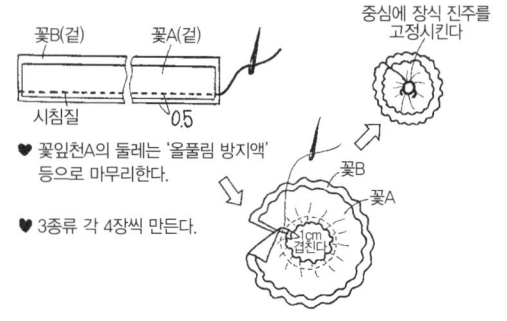

41 봉합순서
1 어깨선을 봉합한다.
2 프릴을 만든다.
3 안단을 단다.
4 바이어스 처리하여 프릴을 단다.
5 소매를 만든다.
6 소매를 단다.
7 옆선을 봉합한다.
8 밑단선을 봉합한다.
9 벨크로를 단다.
10 꽃을 만들어 단다.

41 완성

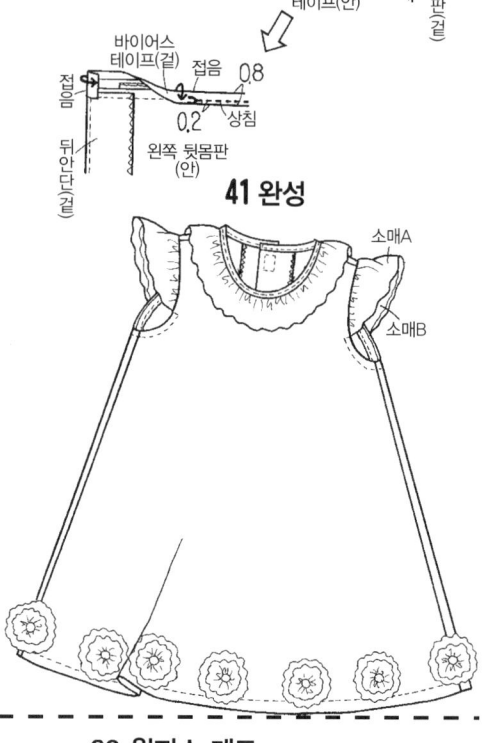

21 페이지 38

38 마녀 (기본 = 패턴 A면)

재 료	100	110	120
겉감 (새틴 공단) 연보라색 92cm폭	2m50cm	2m80cm	3m20cm
배색천A (새틴 공단) 보라색 92cm폭	1m50cm	1m50cm	1m80cm
배색천B (오간자) 보라색 112cm폭	약 10cm		
접착심 90cm폭	약 35cm		
실버 리본 1.3cm폭	약 80cm		
벨크로 2.5cm폭	12cm		

* 원피스 몸판의 패턴은 B면 27을, 소매 패턴은 B면 2를 베껴 아래 그림처럼 수정해서 사용합니다.
* 프릴의 패턴은 들어있지 않습니다.
* 접착심은 안단에 붙입니다.

38 원피스 제도

상 = 100cm
중 = 110cm
하 = 120cm

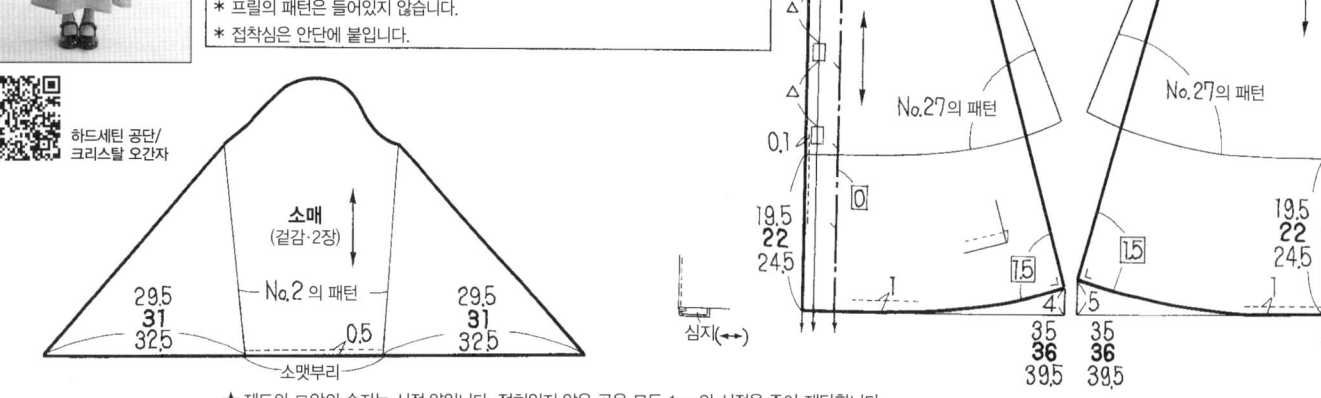

★ 제도의 □안의 숫자는 시접 양입니다. 적혀있지 않은 곳은 모두 1cm의 시접을 주어 재단합니다.

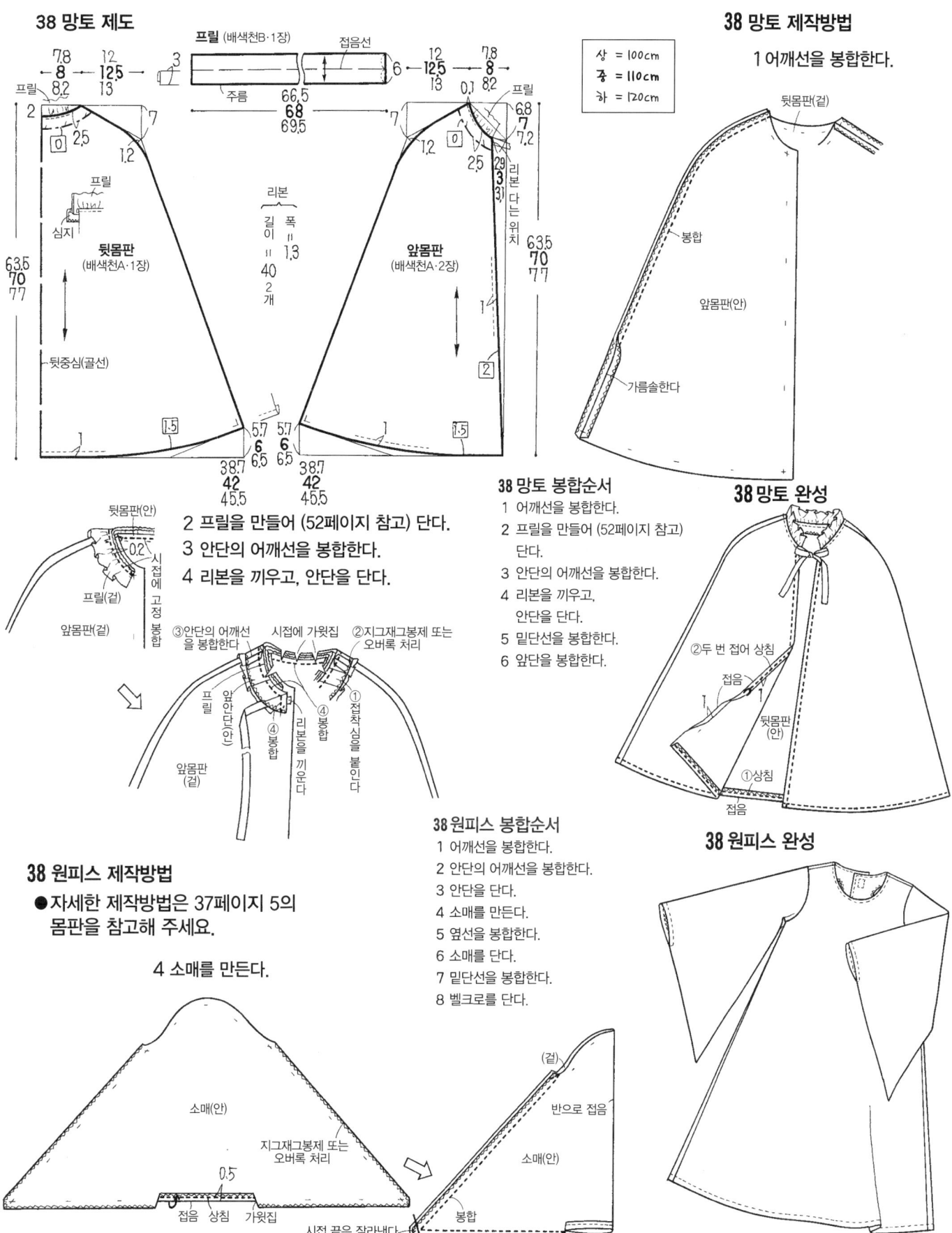

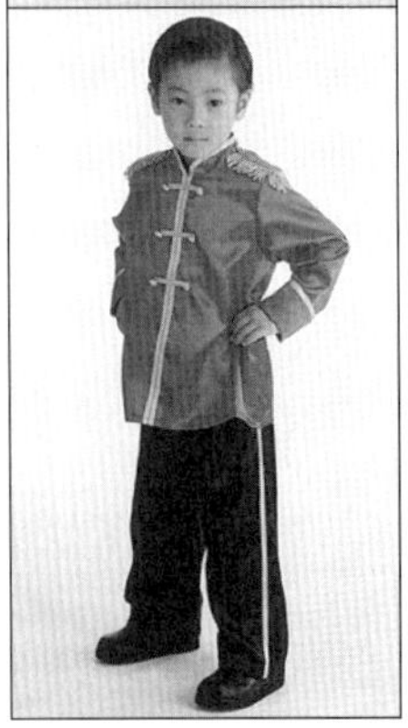

9 야수 (응용)

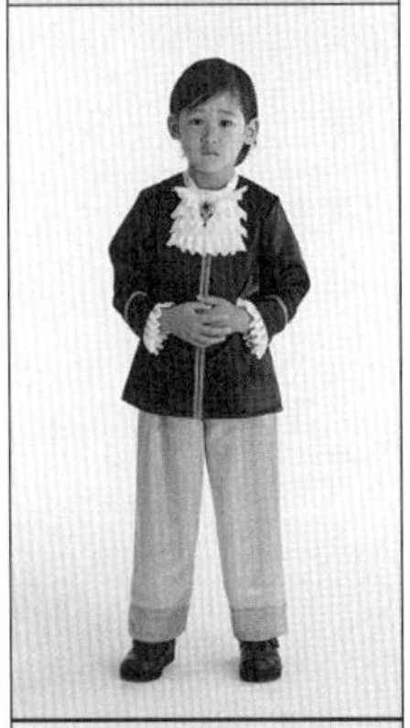

재 료	100	110	120
겉감 (폴리에스테르 새틴 공단) 검은색 122cm폭	1m	1m10cm	1m40cm
배색천A (폴리에스테르 새틴 공단) 그레이 122cm폭	70cm	70cm	80cm
배색천B (폴리에스테르 새틴 공단) 금색 122cm폭	약15cm		
배색천C (폴리에스테르 새틴 공단) 흰색 122cm폭	약30cm		
접착심 90cm폭	55cm	60cm	65cm
주름 레이스 4cm폭	1m25cm		
블레이드 1cm폭	1m50cm	1m60cm	1m70cm
스냅단추 (중)	1쌍		
고무줄 1cm폭	1m	1m5cm	1m10cm
벨크로 2.5cm폭	8cm		

* 몸판과 소매 패턴은 B면 10을, 팬츠 패턴은 A면 11을 베껴 아래 그림처럼 수정해서 사용합니다.
* 칼라, 칼라장식의 패턴은 들어있지 않습니다.
* 접착심은 안단에 붙입니다.

11 왕자 2 (기본 = 패턴 A면)

재 료	100	110	120
겉감 (폴리에스테르 새틴 공단) 빨간색 122cm폭	1m	1m10cm	1m40cm
배색천A (폴리에스테르 새틴 공단) 검은색 122cm폭	80cm	80cm	90cm
배색천B (폴리에스테르 새틴 공단) 금색 122cm폭	약15cm		
접착심 90cm폭	55cm	60cm	65cm
접착 퀼팅솜 20cm폭	15cm		
단추 지름 1.5cm	6개		
장식용 테이프 0.9cm폭	3m55cm	3m75cm	4m
프린지 3cm폭	약60cm		
스냅단추 (중)	1쌍		
고무줄 1cm폭	1m	1m5cm	1m10cm
벨크로 2.5cm폭	8cm		

* 몸판과 소매 패턴은 B면 10을 베껴 아래 그림처럼 수정해서 사용합니다.
* 어깨장식 패턴은 들어있지 않습니다.
* 접착심은 안칼라, 안단, 커프스에 붙입니다.

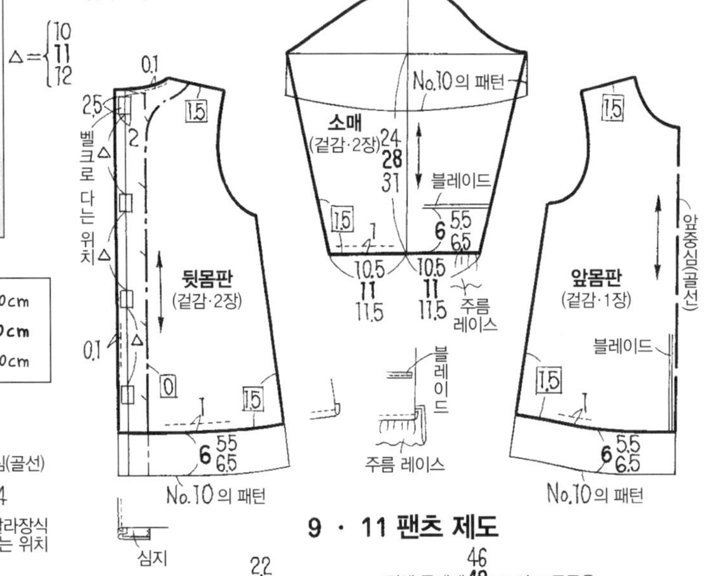

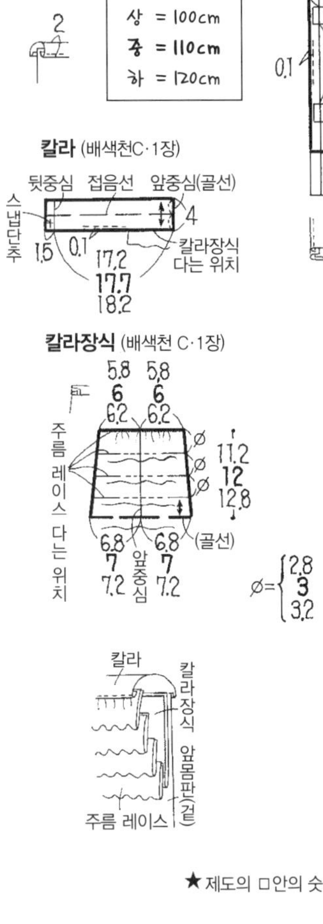

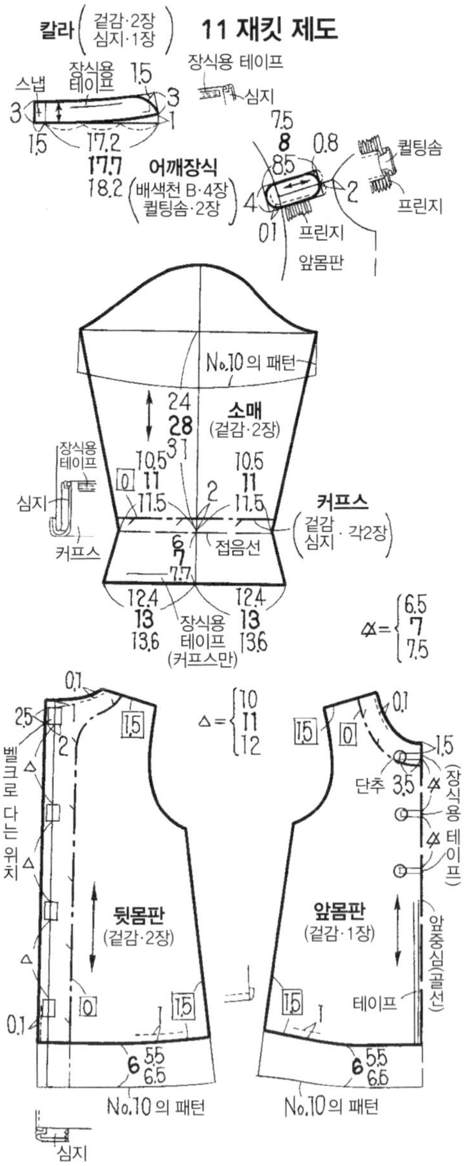

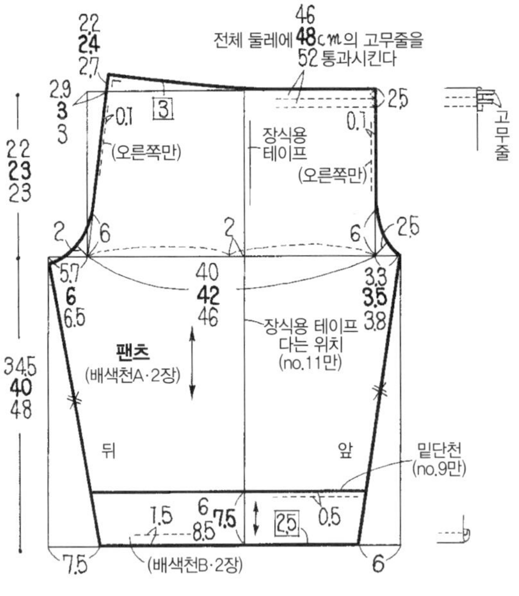

★ 제도의 미안의 숫자는 시접 양입니다. 적혀있지 않은 곳은 모두 1cm의 시접을 주어 재단합니다.

9 재킷 제작방법

● 자세한 제작방법은 37페이지 5의 몸판을 참고해 주세요.

4 칼라장식을 만든다.

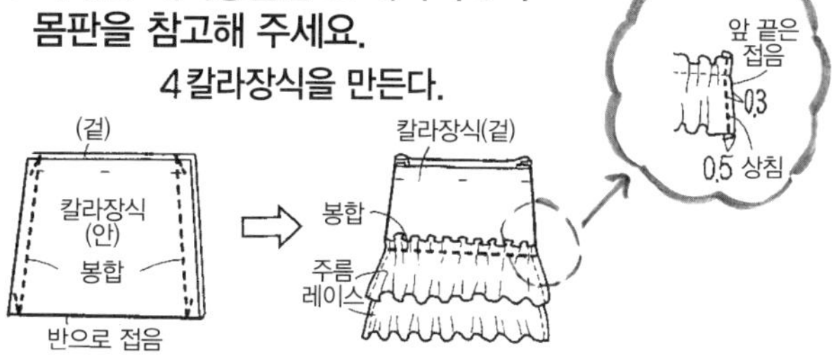

5 칼라를 만들어 단다.

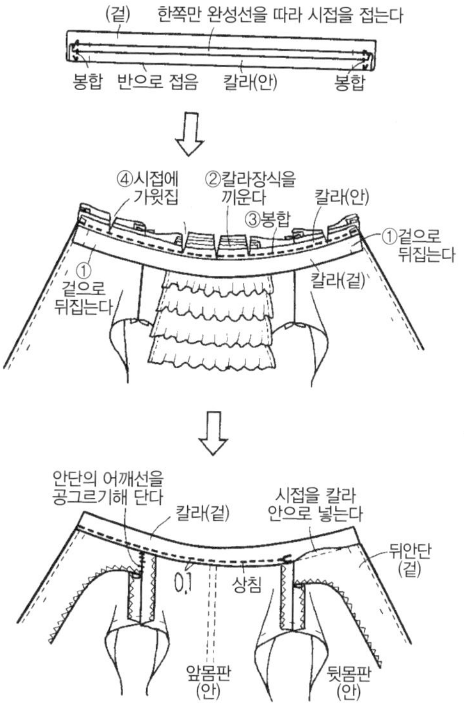

6 소매를 만든다.

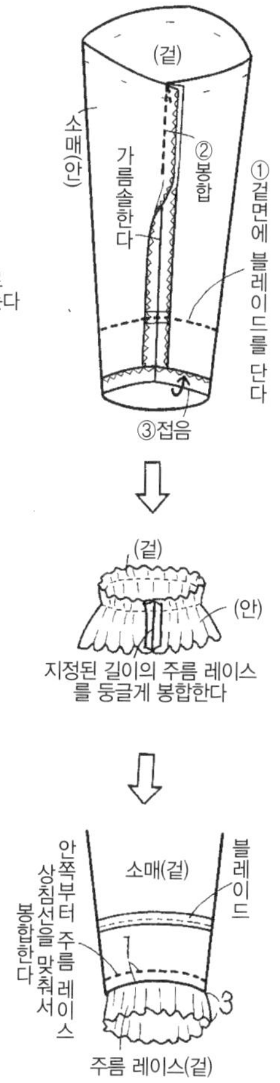

9 재킷 완성

9 팬츠 완성

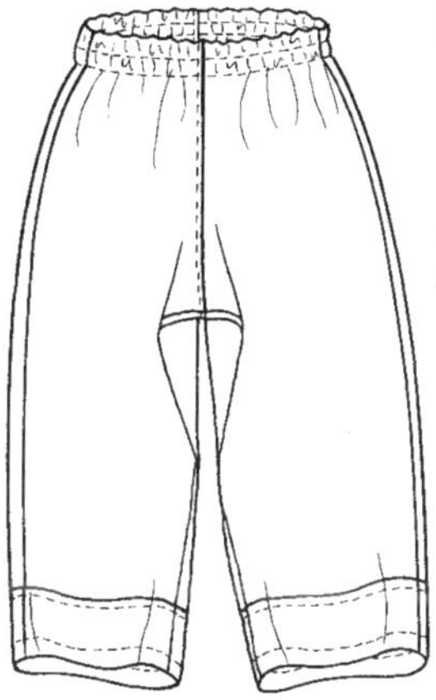

9 재킷 봉합순서
1. 어깨선을 봉합한다.
2. 앞몸판에 블레이드를 단다.
3. 뒤안단을 단다.
4. 칼라장식을 만든다.
5. 칼라를 만들어 단다.
6. 소매를 만든다.
7. 옆선을 봉합한다.
8. 소매를 단다.
9. 밑단선을 봉합한다.
10. 벨크로를 단다.

9 팬츠 봉합순서
1. 밑단천을 단다.
2. 밑아래를 봉합한다.
3. 밑위를 봉합한다.
4. 밑단선을 봉합한다.
5. 허리둘레를 봉합하고, 고무줄을 통과시킨다.

● 자세한 제작방법은 56페이지 11의 팬츠를 참고해 주세요.

9 팬츠 제작방법

1 밑단천을 단다.

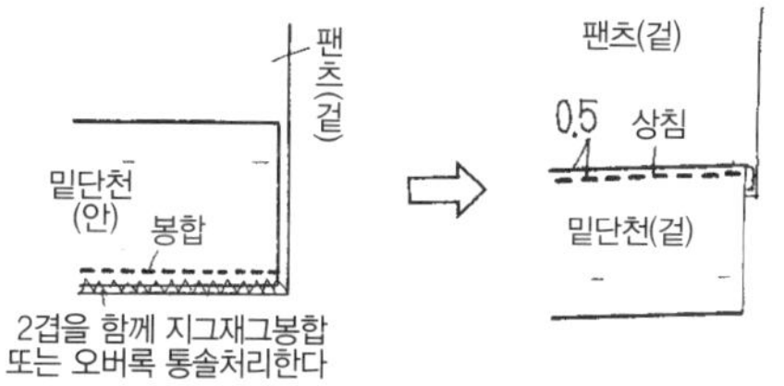

11 재킷 제작방법

● 자세한 제작방법은 37페이지 5의 몸판을 참고해 주세요.

4 칼라를 만들어 단다.

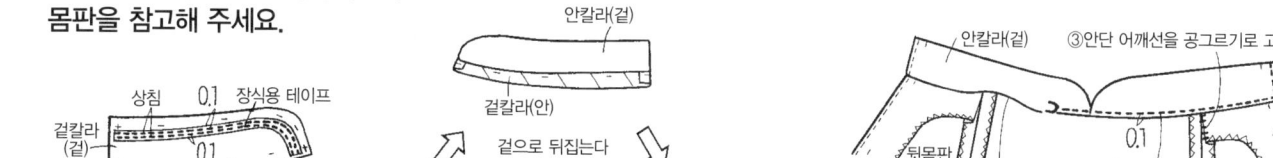

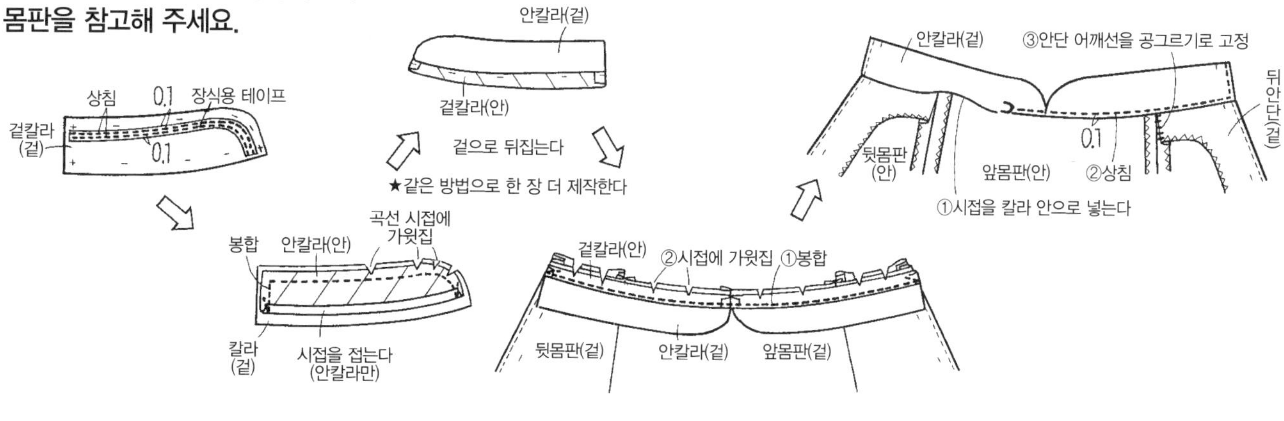

5 소매를 만든다.

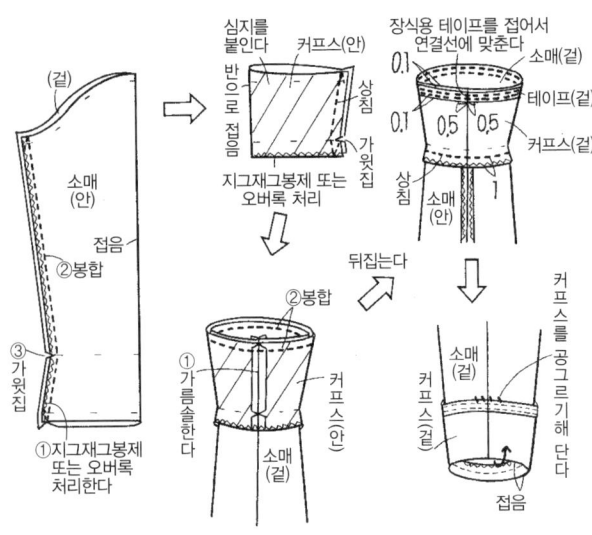

11 팬츠 제작방법

1 옆선에 장식용 테이프를 단다.
2 밑아래를 봉합한다.

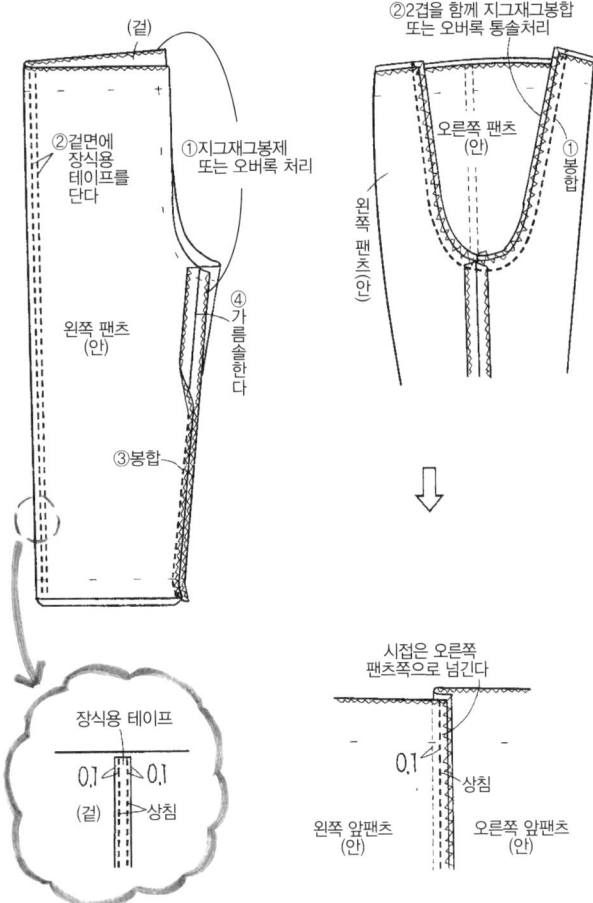

9 어깨장식을 만들어 단다.

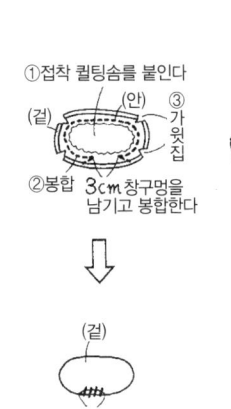

4 밑단선을 봉합한다.

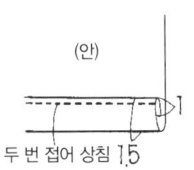

5 허리둘레를 봉합하고, 고무줄을 통과시킨다.

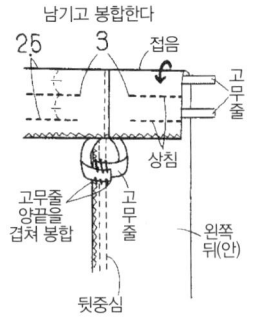

11 재킷 완성

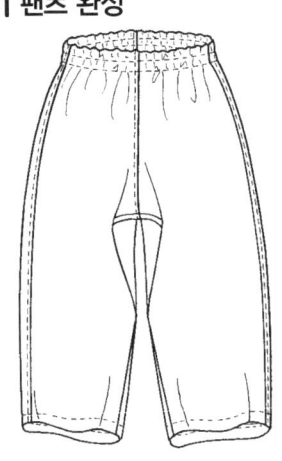

11 재킷 봉합순서

1 어깨선을 봉합한다.
2 앞몸판에 장식용 테이프를 단다.
3 뒤안단을 단다.
4 칼라를 만들어 단다.
5 소매를 만든다.
6 옆선을 봉합한다.
7 소매를 단다.
8 밑단선을 봉합한다.
9 어깨장식을 만들어 단다.
10 벨크로를 단다.
11 단추를 단다.

11 팬츠 완성

11 팬츠 봉합순서

1 옆선에 장식용 테이프를 단다.
2 밑아래를 봉합한다.
3 밑위를 봉합한다.
4 밑단선을 봉합한다.
5 허리둘레를 봉합하고, 고무줄을 통과시킨다.

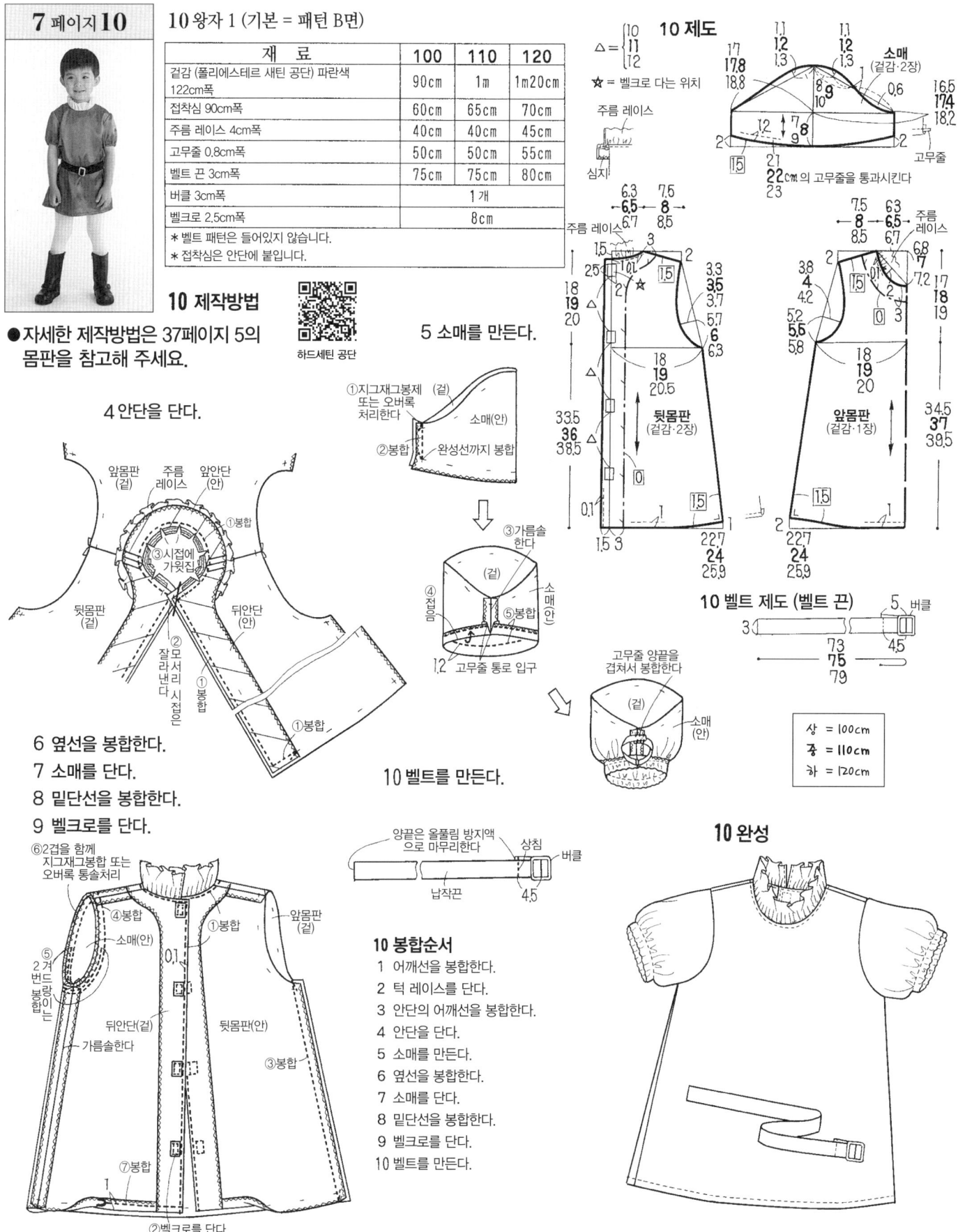

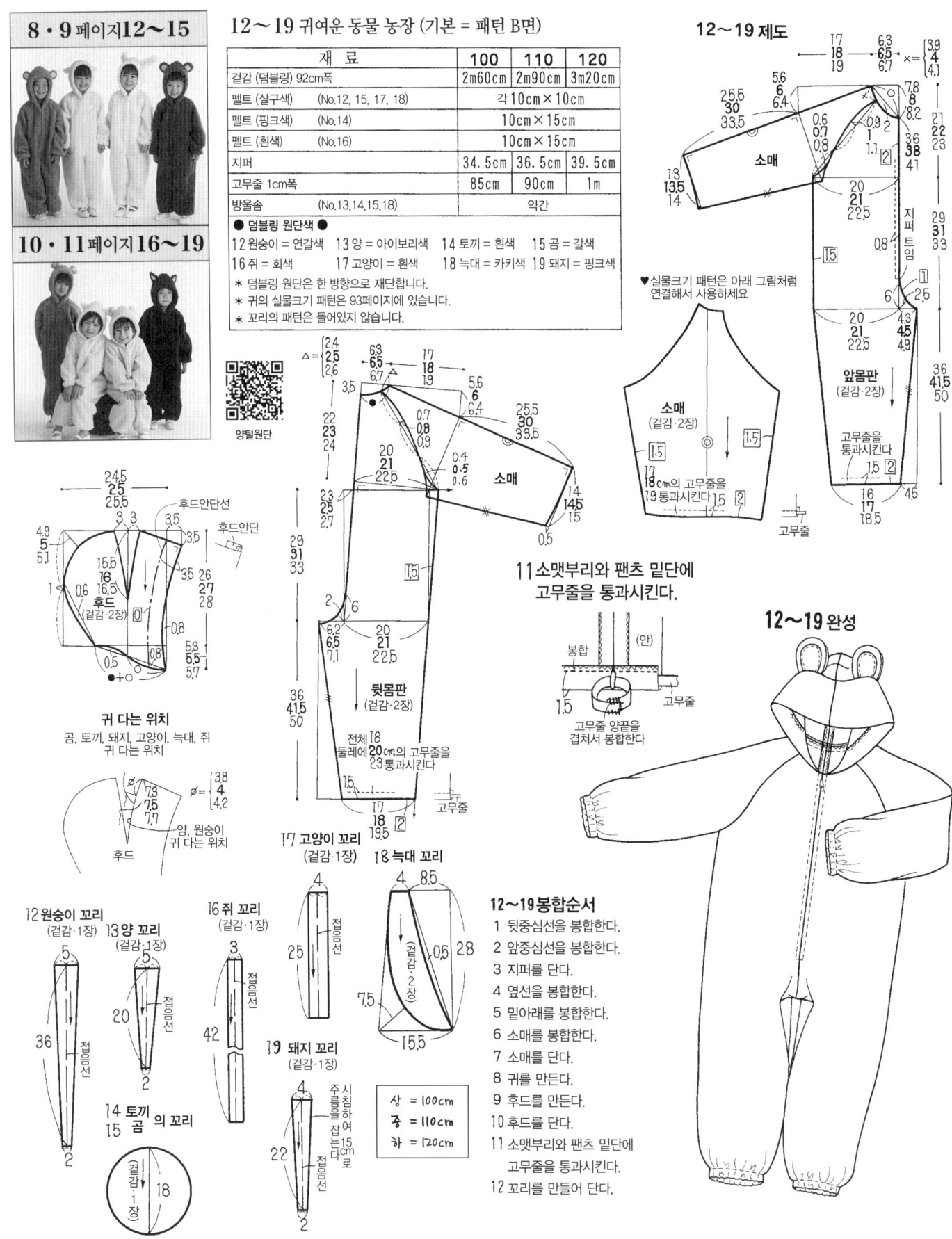

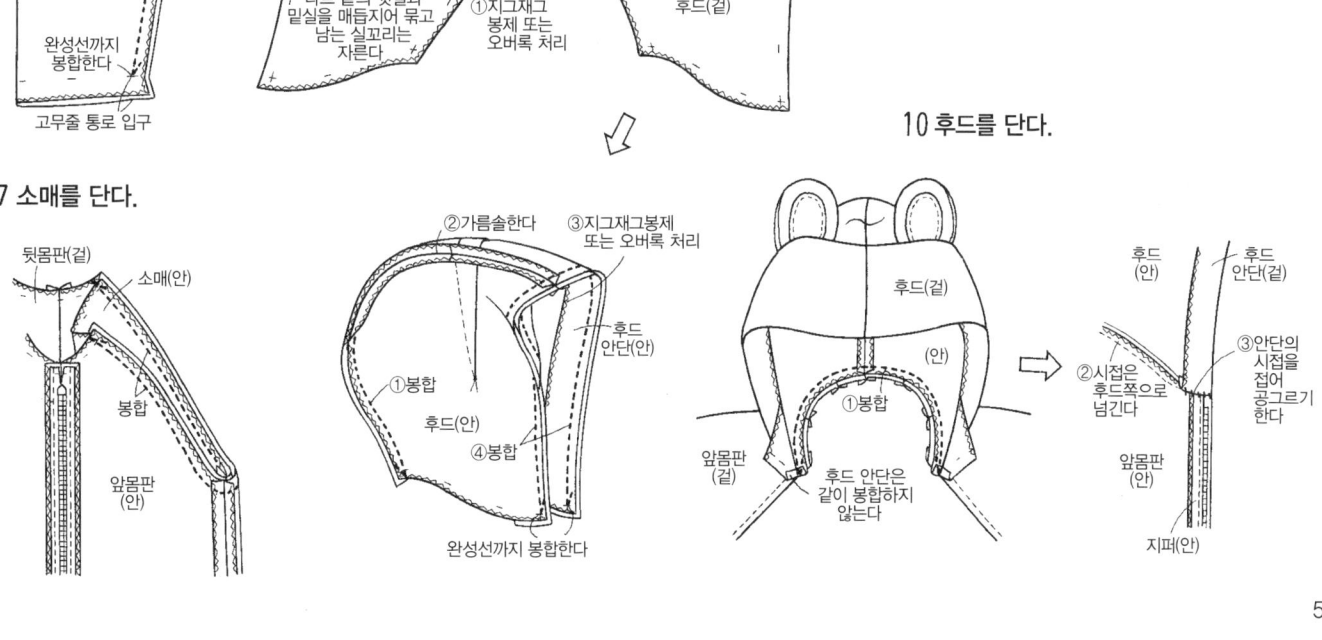

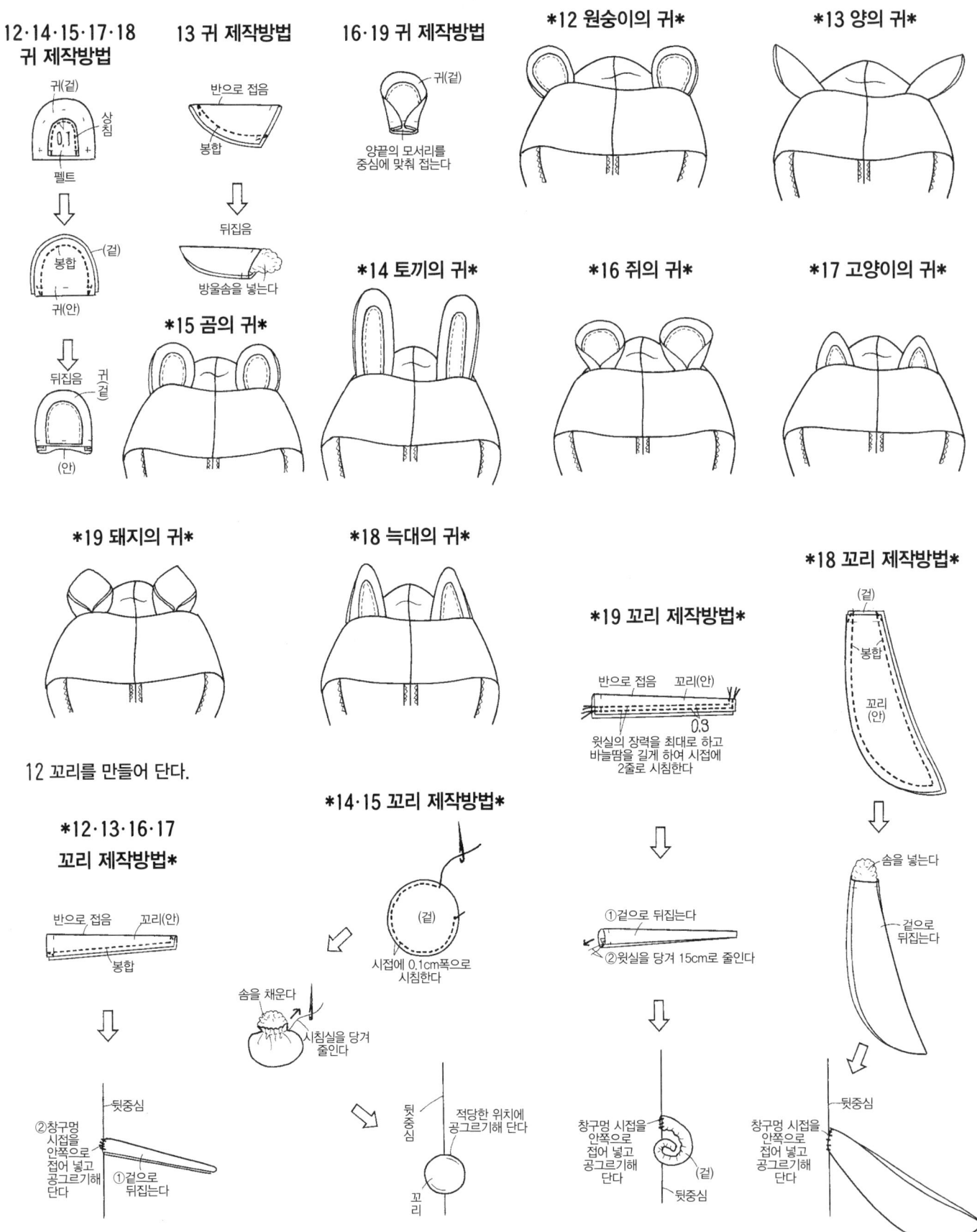

22 하이디 (기본 = 패턴 A면)

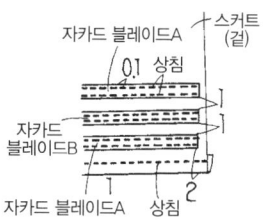

재 료	100	110	120
겉감 (면 무지) 흰색 112cm폭	70cm	80cm	80cm
배색천A (면 무지) 빨간색 112cm폭	1m10cm	1m20cm	1m30cm
배색천B (펠트) 검은색 90cm폭	35cm	35cm	40cm
접착심 90cm폭	35cm	35cm	40cm
자카드 블레이드A 1.2cm폭	3m15cm	3m30cm	3m65cm
자카드 블레이드B 1.2cm폭	1m60cm	1m65cm	1m85cm
고무줄 0.6cm폭	50cm	50cm	55cm
아일렛 지름 0.4cm		10 개	
끈 0.3cm폭		1m50cm	
벨크로 2.5cm폭		12cm	

* 원피스의 몸판과 소매 패턴은 A면 5를, 칼라는 B면 21을 베껴 아래 그림처럼 수정해서 사용합니다.
* 접착심은 안칼라, 안단에 붙입니다.

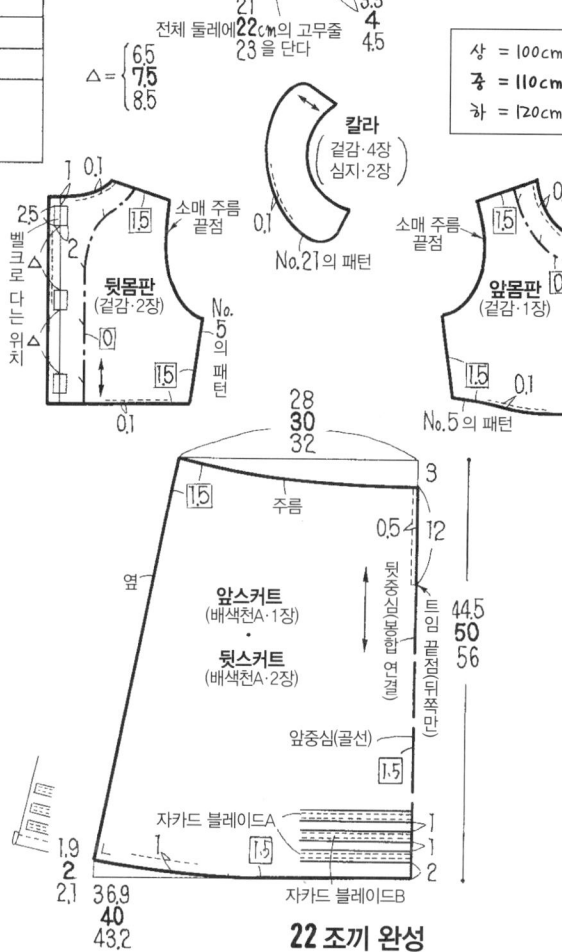

22 원피스 봉합순서
1 어깨선을 봉합한다.
2 칼라를 만든다.
3 안단의 어깨선을 봉합한다.
4 칼라를 끼우고, 안단을 단다.
5 소매를 만든다.
6 옆선을 봉합한다.
7 소매를 단다.
8 벨크로를 단다.
9 스커트의 옆선과 뒷중심선을 봉합한다.
10 트임 부분을 봉합한다.
11 자카드 블레이드를 단다.
12 밑단선을 봉합한다.
13 주름을 잡는다.
14 몸판과 스커트를 봉합한다.

22 원피스 제작방법
● 자세한 제작방법은 37페이지 5를, 칼라와 소매는 64페이지를 참고해 주세요.

11 자카드 블레이드를 단다.

22 조끼 제작방법
1 어깨선을 봉합한다. 2 옆선을 봉합한다.
3 벨크로를 단다.

22 조끼 봉합순서
1 어깨선을 봉합한다.
2 옆선을 봉합한다.
3 벨크로를 단다.
4 아일렛 구멍을 만들어 끈을 통과시킨다.

※ 목둘레, 소매둘레, 밑단선은 시접을 주지 않고 원단을 재단합니다.

★ 제도의 □안의 숫자는 시접 양입니다. 적혀있지 않은 곳은 모두 1cm의 시접을 주어 재단합니다.

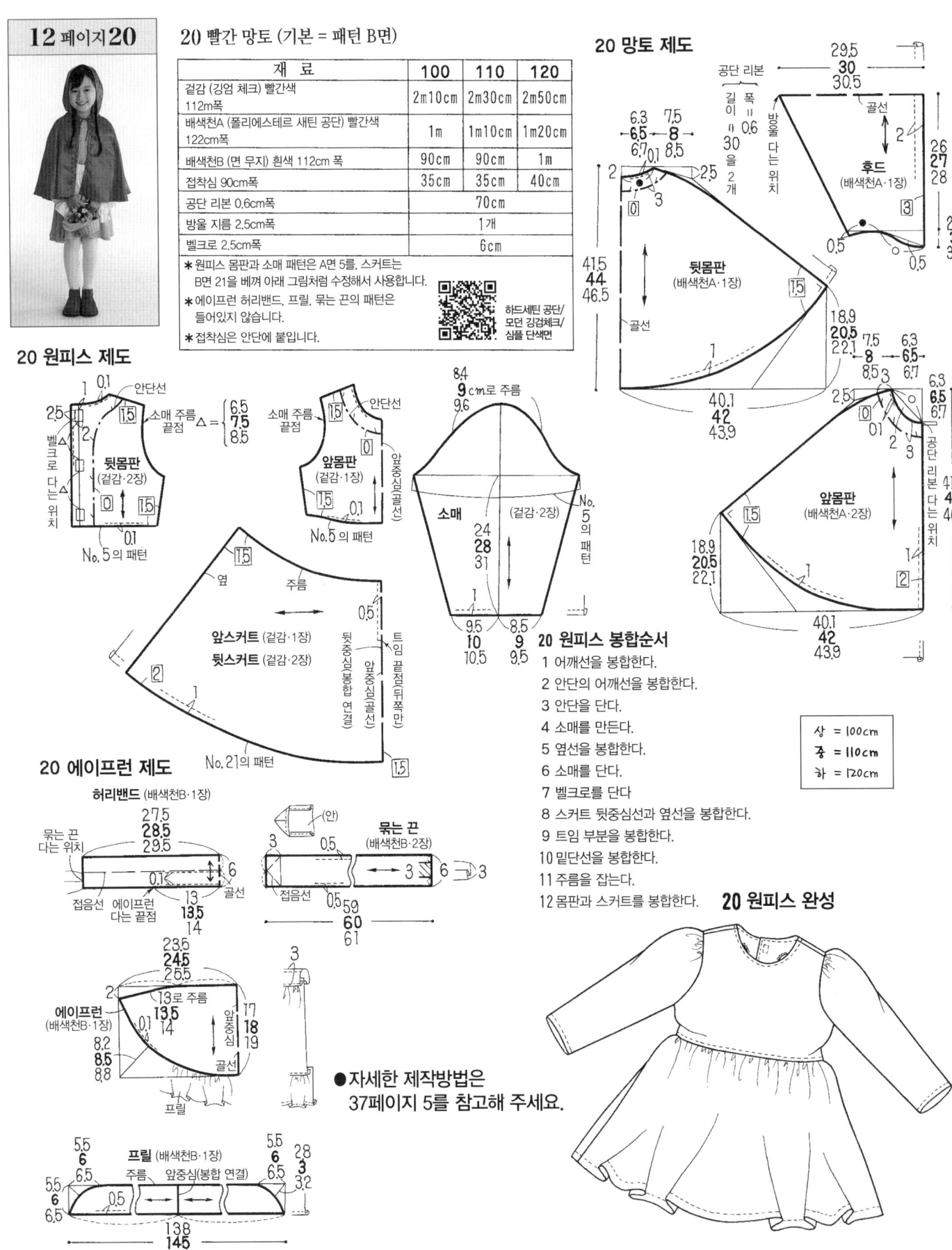

20 망토 제작방법

● 자세한 제작방법은 53페이지 망토를 참고해 주세요.

1 후드를 만든다.

4 후드와 리본을 끼우고 안단을 단다.

20 망토 봉합순서
1 후드를 만든다.
2 어깨선을 봉합한다.
3 안단의 어깨선을 봉합한다.
4 후드와 리본을 끼우고, 안단을 단다.
5 밑단선을 봉합한다.
6 앞단을 봉합한다.
7 방울을 단다.

20 망토 완성
5 밑단선을 봉합한다.
6 앞단을 봉합한다.
7 방울을 단다.

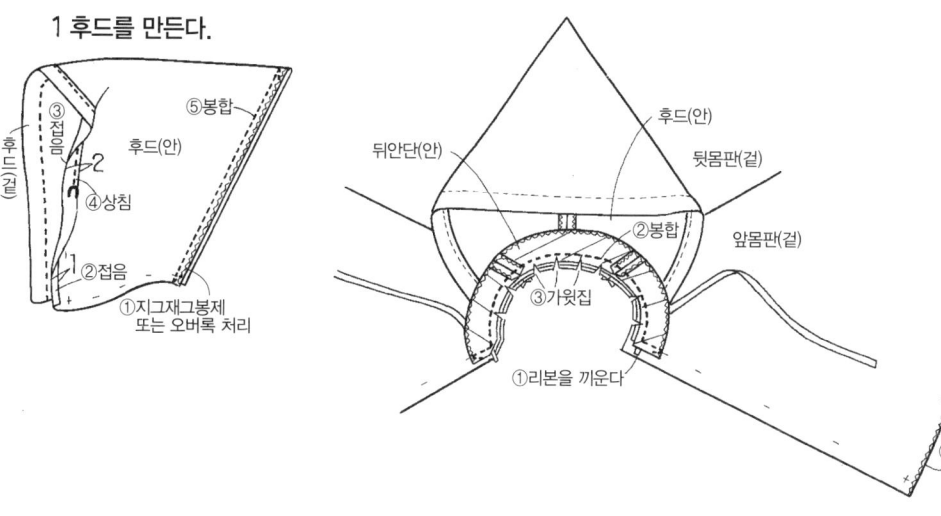

20 에이프런 제작방법

1 프릴을 만들어 단다.
  (프릴 제작방법은 41페이지 참고)

2 주름을 잡는다.

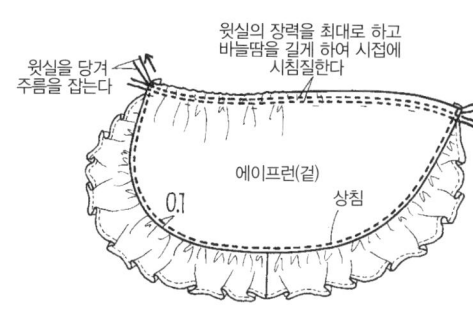

3 묶는 끈을 만든다. (49페이지 참고)
4 허리밴드를 만들어 단다.

20 에이프런 봉합순서
1 프릴을 만들어 단다.
  (프릴 제작방법은 41페이지 참고)
2 주름을 잡는다.
3 묶는 끈을 만든다. (49페이지 참고)
4 허리밴드를 만들어 단다.

20 에이프런 완성

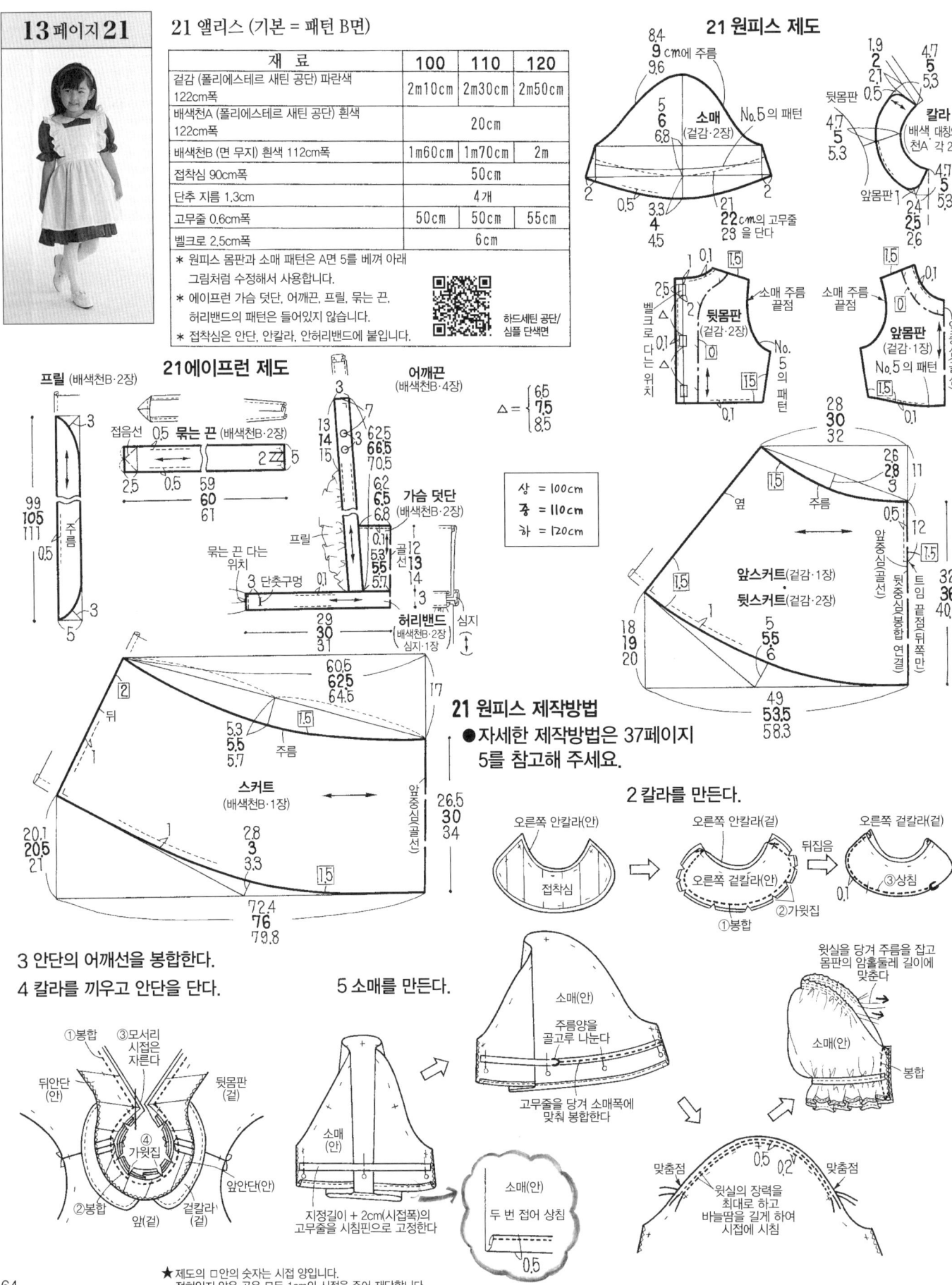

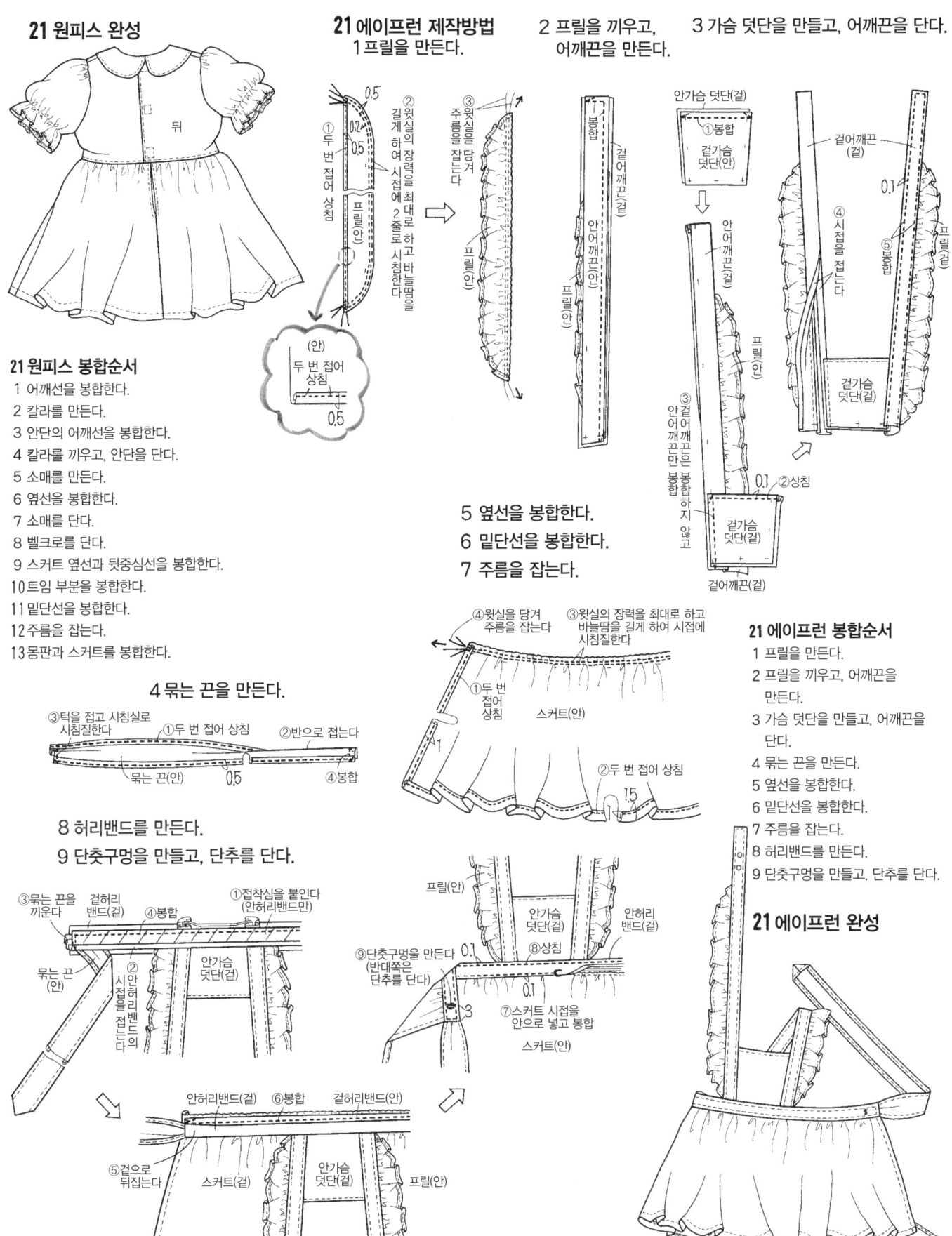

14 페이지 23

15 페이지 24

23 신밧드 (기본 = A면)

재료	100	110	120
겉감 (폴리에스테르 새틴 공단) 초록색 122cm폭	40cm	40cm	50cm
배색천A (폴리에스테르 새틴 공단) 보라색 122cm폭	80cm	80cm	1m70cm
배색천B (폴리에스테르 새틴 공단) 오렌지색 122cm폭		50cm	
배색천C (폴리에스테르 새틴 공단) 흰색 122cm폭		65cm	
고무줄 1cm폭	1m40cm	1m50cm	1m60cm
새틴 공단 바이어스테이프 3.2cm폭	2m40cm	2m50cm	2m60cm

* 팬츠의 패턴은 B면 8을 사용합니다.
* 터번, 벨트의 패턴은 들어있지 않습니다.

24 알라딘 (응용)

재료	100	110	120
겉감 (폴리에스테르 새틴 공단) 파란색 122cm폭	70cm	70cm	80cm
배색천A (폴리에스테르 새틴 공단) 흰색 122cm폭	1m40cm	1m50cm	2m40cm
배색천B (라메 망사) 백금색 112cm폭		35cm	
고무줄 1cm폭	1m40cm	1m50cm	1m60cm
블레이드 1cm폭	3m	3m20cm	3m50cm

* 조끼 패턴은 A면 23을 베껴 아래 그림처럼 수정해서 사용합니다.
* 팬츠 패턴은 B면 8을 사용합니다.
* 터번, 벨트의 패턴은 들어있지 않습니다.

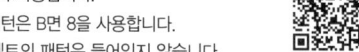

 하드세틴 공단/라메망사원단

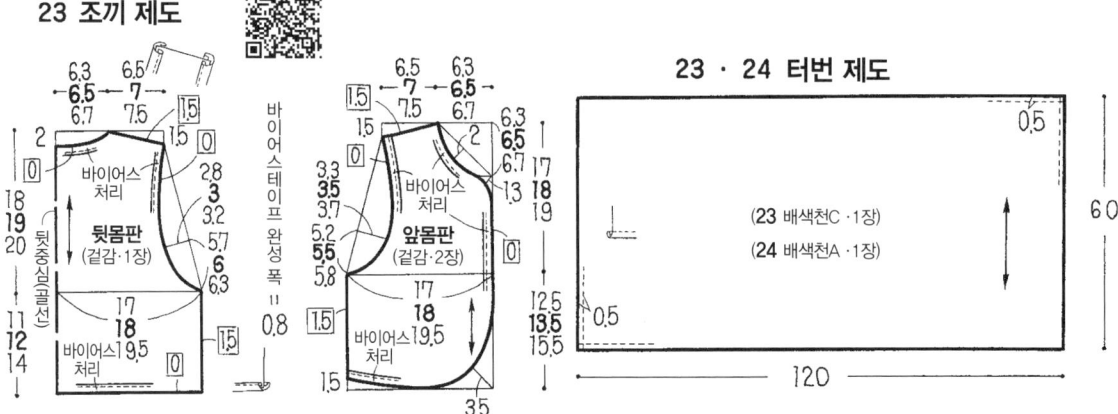

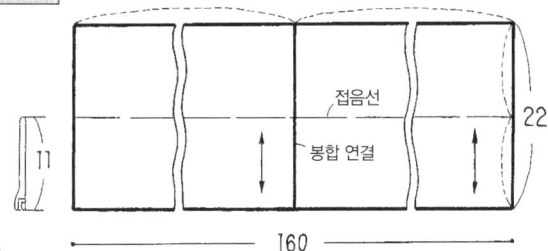

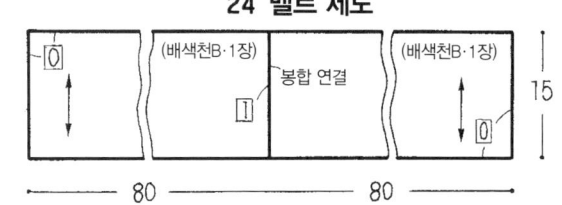

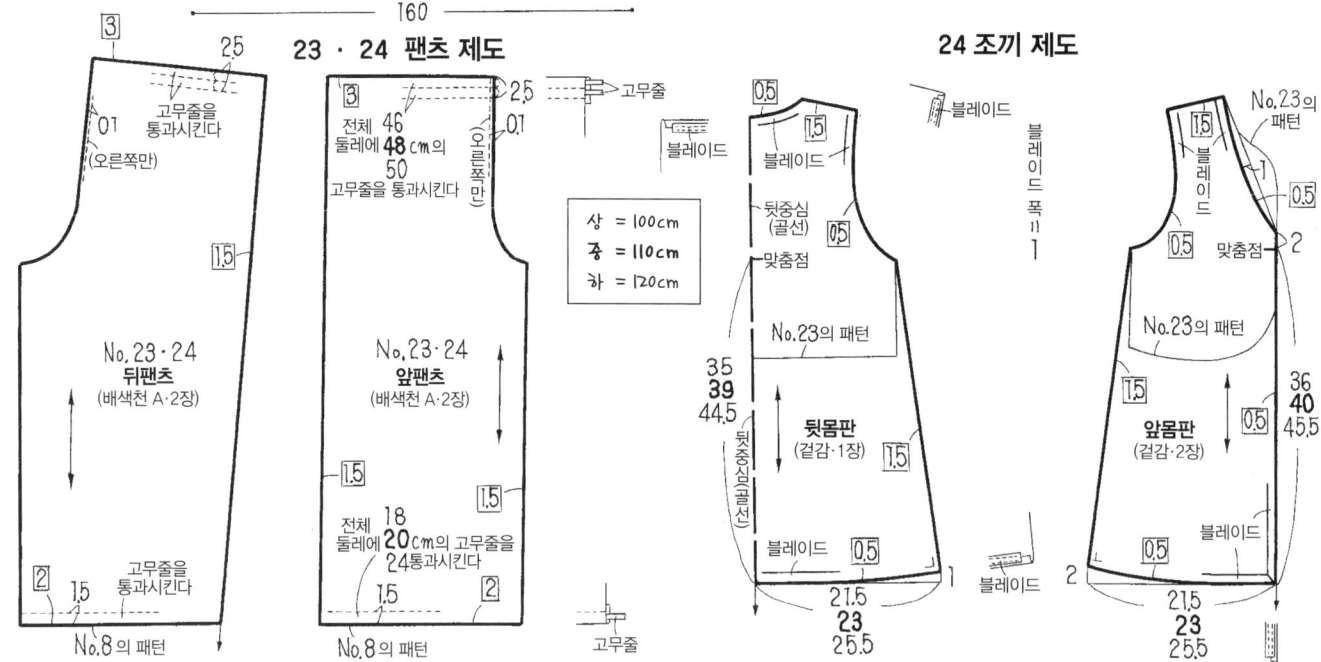

★ 제도의 미안의 숫자는 시접 양입니다. 적혀있지 않은 곳은 모두 1cm의 시접을 주어 재단합니다.

23 조끼 제작방법
1 어깨선을 봉합한다.
2 옆선을 봉합한다.
3 목둘레, 밑단선, 소매둘레를 바이어스 처리하여 마무리한다.

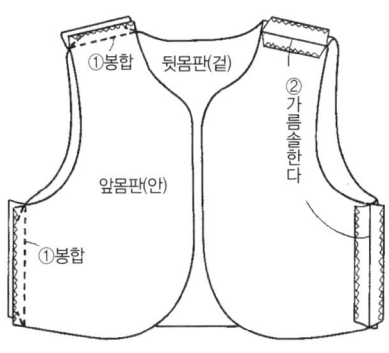
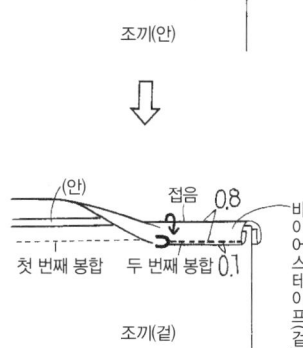

23 조끼 완성

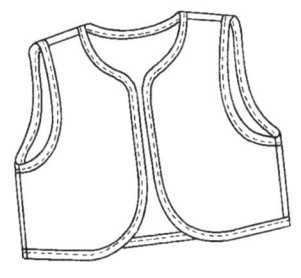

23 조끼 봉합순서
1 어깨선을 봉합한다.
2 옆선을 봉합한다.
3 목둘레, 밑단선, 소매둘레를 바이어스 처리하여 마무리한다.

24 조끼 제작방법
1 어깨선을 봉합한다.
2 옆선을 봉합한다.
3 목둘레, 밑단선, 소매둘레에 블레이드를 단다.

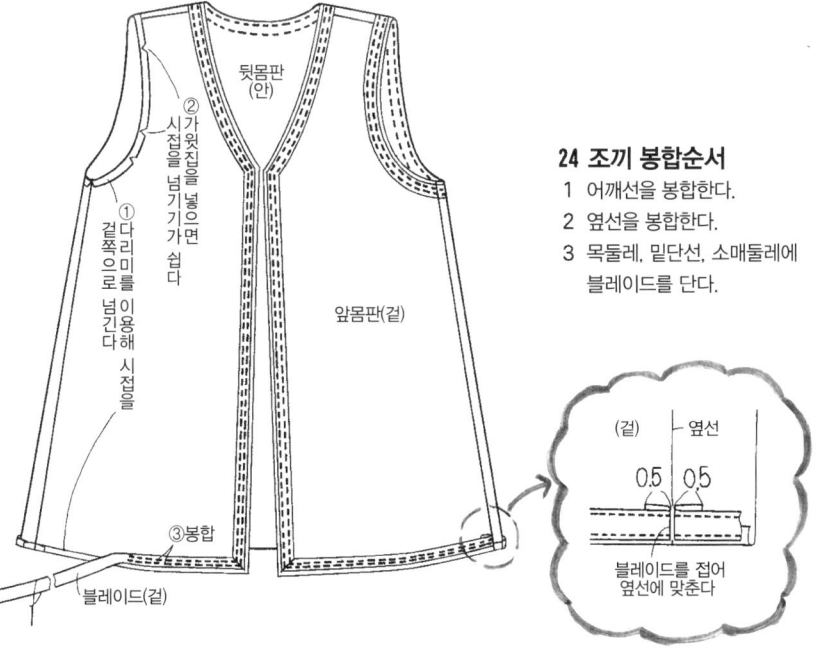

24 조끼 봉합순서
1 어깨선을 봉합한다.
2 옆선을 봉합한다.
3 목둘레, 밑단선, 소매둘레에 블레이드를 단다.

23·24 터번 완성
23·24 팬츠 완성

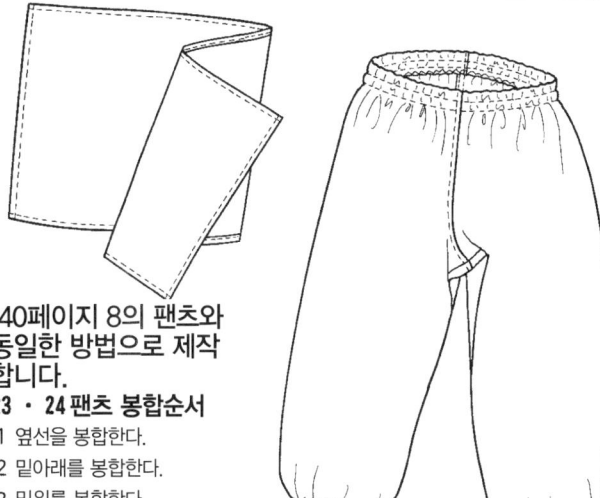

● 40페이지 8의 팬츠와 동일한 방법으로 제작합니다.

23·24 팬츠 봉합순서
1 옆선을 봉합한다.
2 밑아래를 봉합한다.
3 밑위를 봉합한다.
4 허리둘레를 봉합하고 고무줄을 통과시킨다.
5 밑단선을 봉합하고, 고무줄을 통과시킨다.
6 벨트를 만든다.

23 벨트 완성

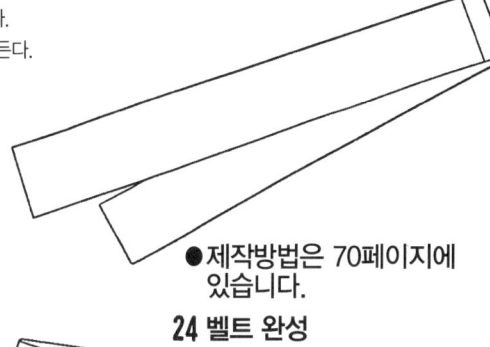

● 제작방법은 70페이지에 있습니다.

24 벨트 완성

24 조끼 완성

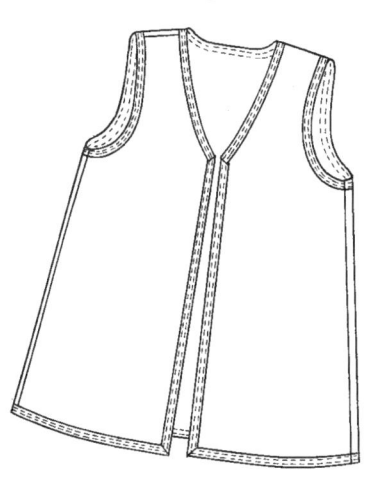

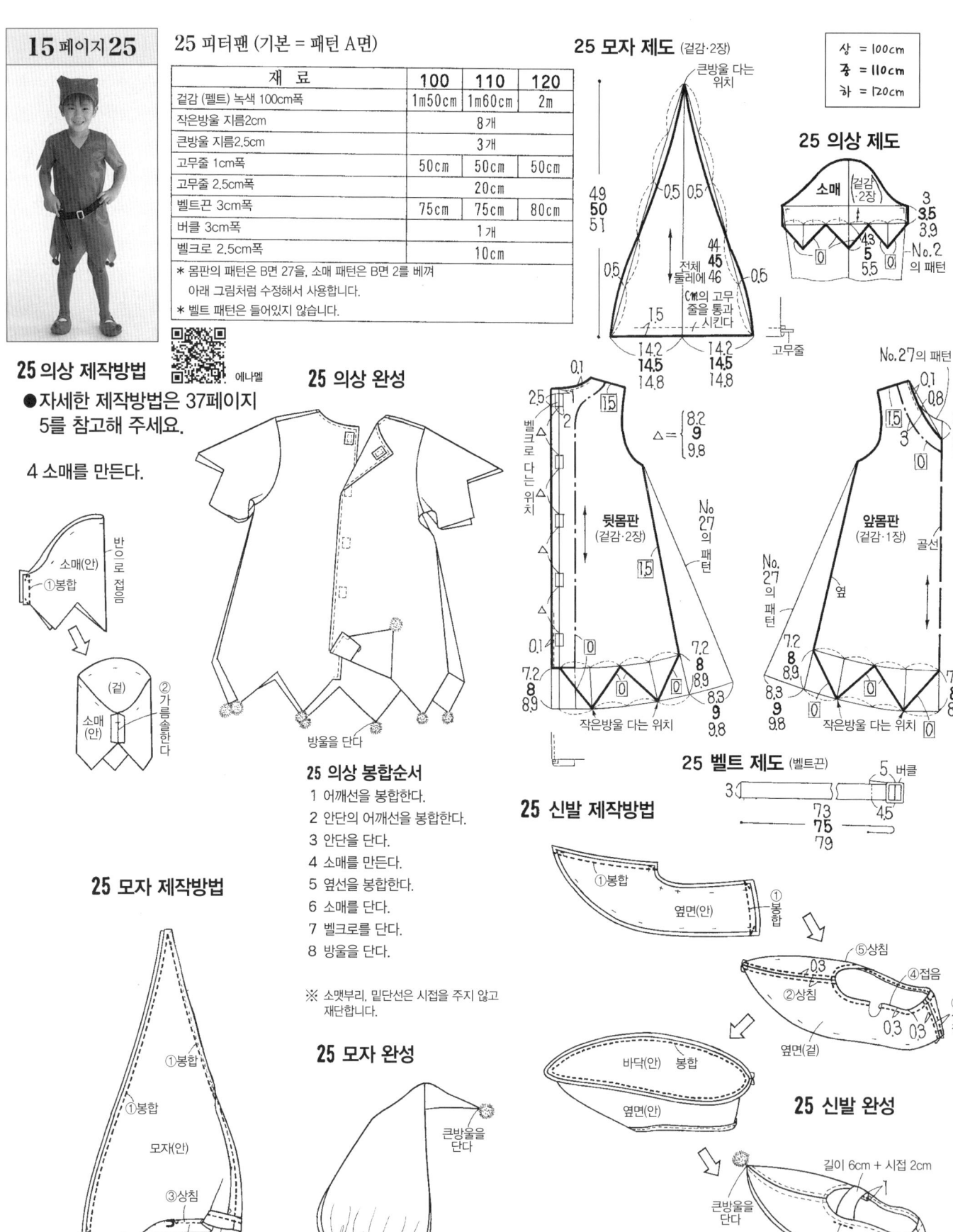

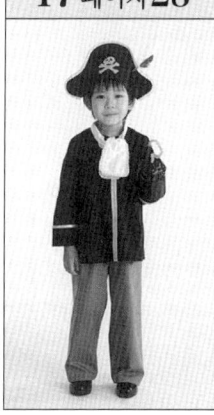

28 후크 선장 (응용)

재 료	100	110	120
겉감 (옥스포드) 남색 112cm폭	1m	1m10cm	1m40cm
배색천A (옥스포드) 하늘색 112cm폭	1m40cm	1m50cm	1m70cm
배색천B (폴리에스테르 새틴 공단) 흰색 122cm폭	35cm		
접착심 90cm폭	55cm	60cm	65cm
면 레이스 1cm폭	약 1m20cm		
장식용 테이프 0.9cm폭	1m50cm	1m55cm	1m60cm
걸고리 (소)	1 쌍		
고무줄 1cm폭	1m	1m5cm	1m10cm
벨크로 2.5cm폭	8cm		

* 재킷 패턴은 B면 10을, 팬츠 패턴은 A면 11을 베껴 아래 그림처럼 수정하여 사용합니다.
* 칼라 패턴은 들어있지 않습니다.
* 접착심은 안단, 커프스에 붙입니다.

하드세틴 공단/ 단색옥스포드

28 재킷 제작방법

5 칼라를 만든다.

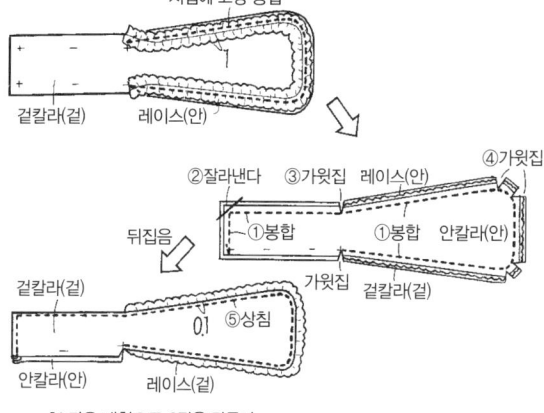

♥ 좌우 대칭으로 2장을 만든다

28 재킷 제도

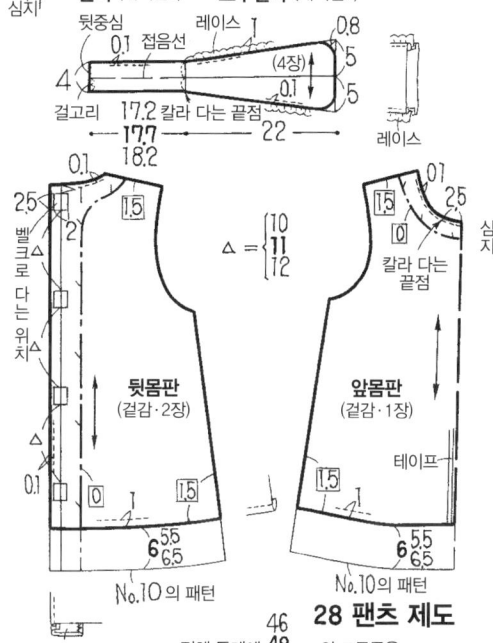

상 = 100cm
중 = 110cm
하 = 120cm

5 칼라를 단다.

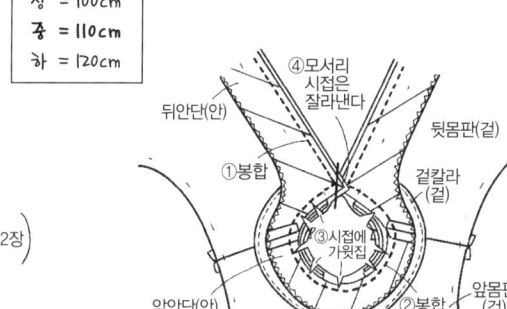

28 팬츠 제도

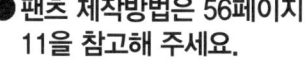

28 재킷 봉합순서
1 어깨선을 봉합한다.
2 앞몸판에 테이프를 단다.
3 안단의 어깨선을 봉합한다.
4 안단을 단다.
5 칼라를 만들어 단다.
6 소매를 만든다. (56페이지)
7 몸판 옆선을 봉합한다.
8 소매를 단다.
9 밑단선을 봉합한다.
10 벨크로를 단다.
11 걸고리를 단다.

● 팬츠 제작방법은 56페이지 11을 참고해 주세요.

28 재킷 완성

● 자세한 제작방법은 37페이지 5의 몸판과 56페이지 11의 소매를 참고해 주세요.

★ 제도의 □안의 숫자는 시접 양입니다. 적혀있지 않은 곳은 모두 1cm의 시접을 주어 재단합니다.

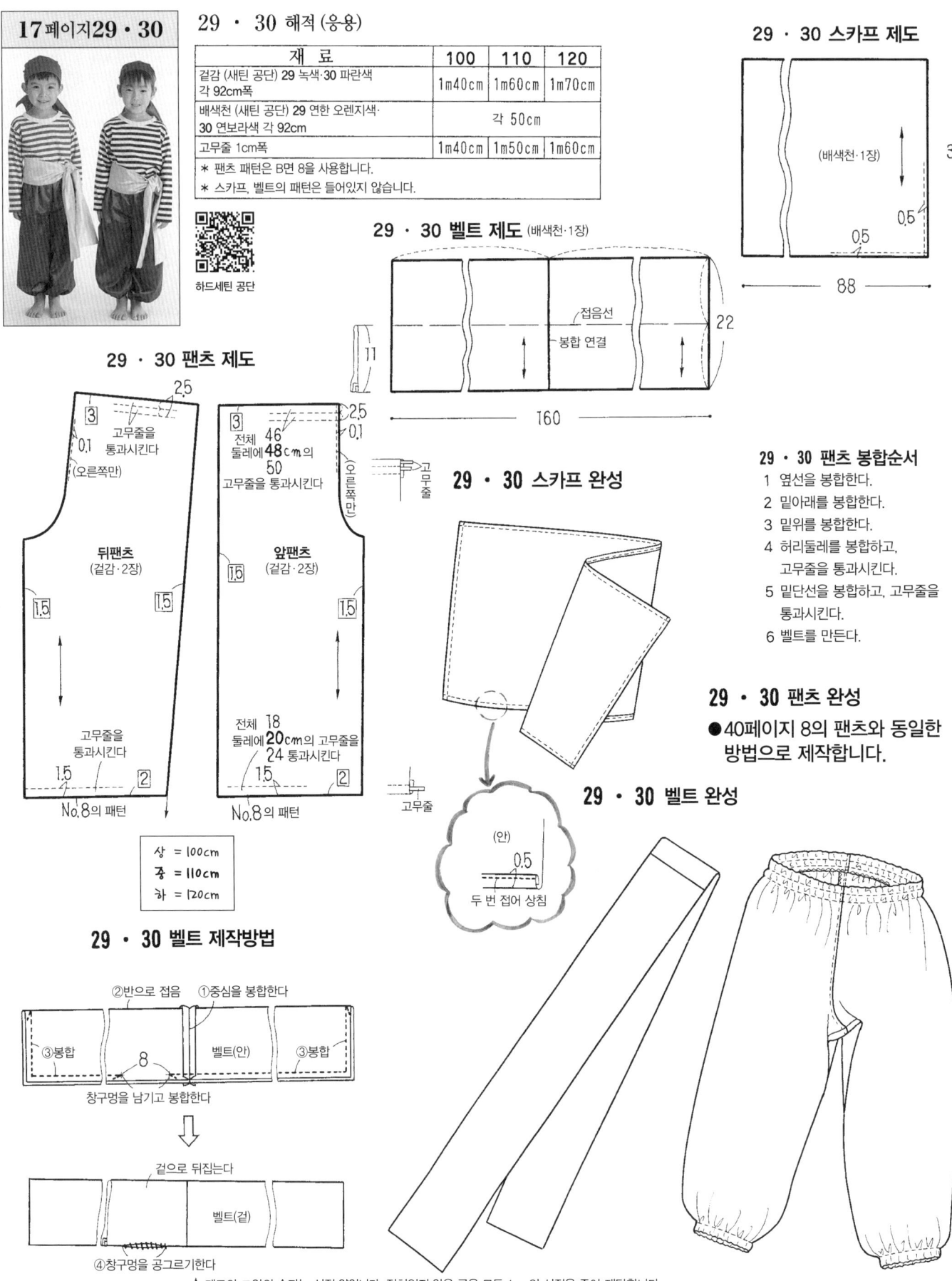

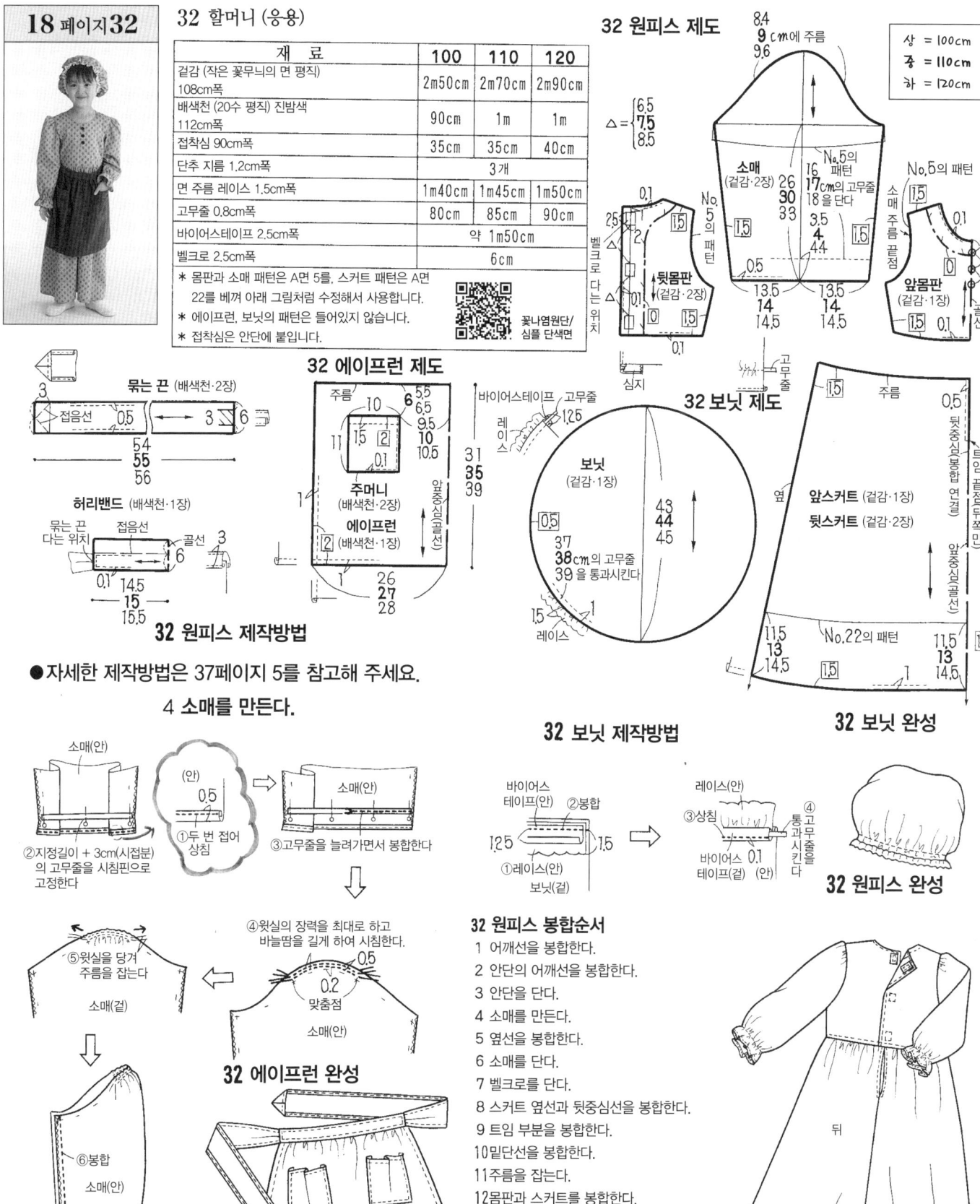

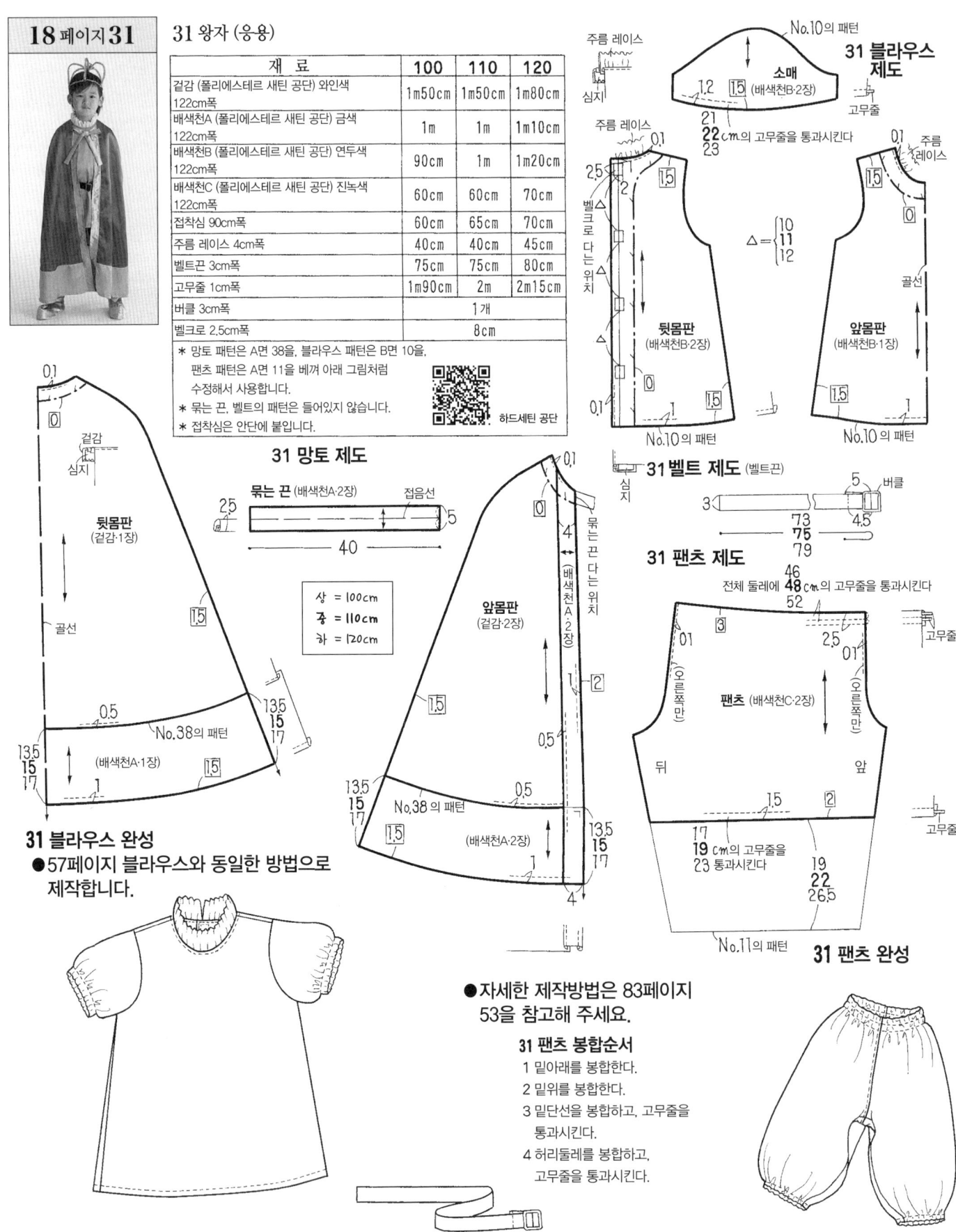

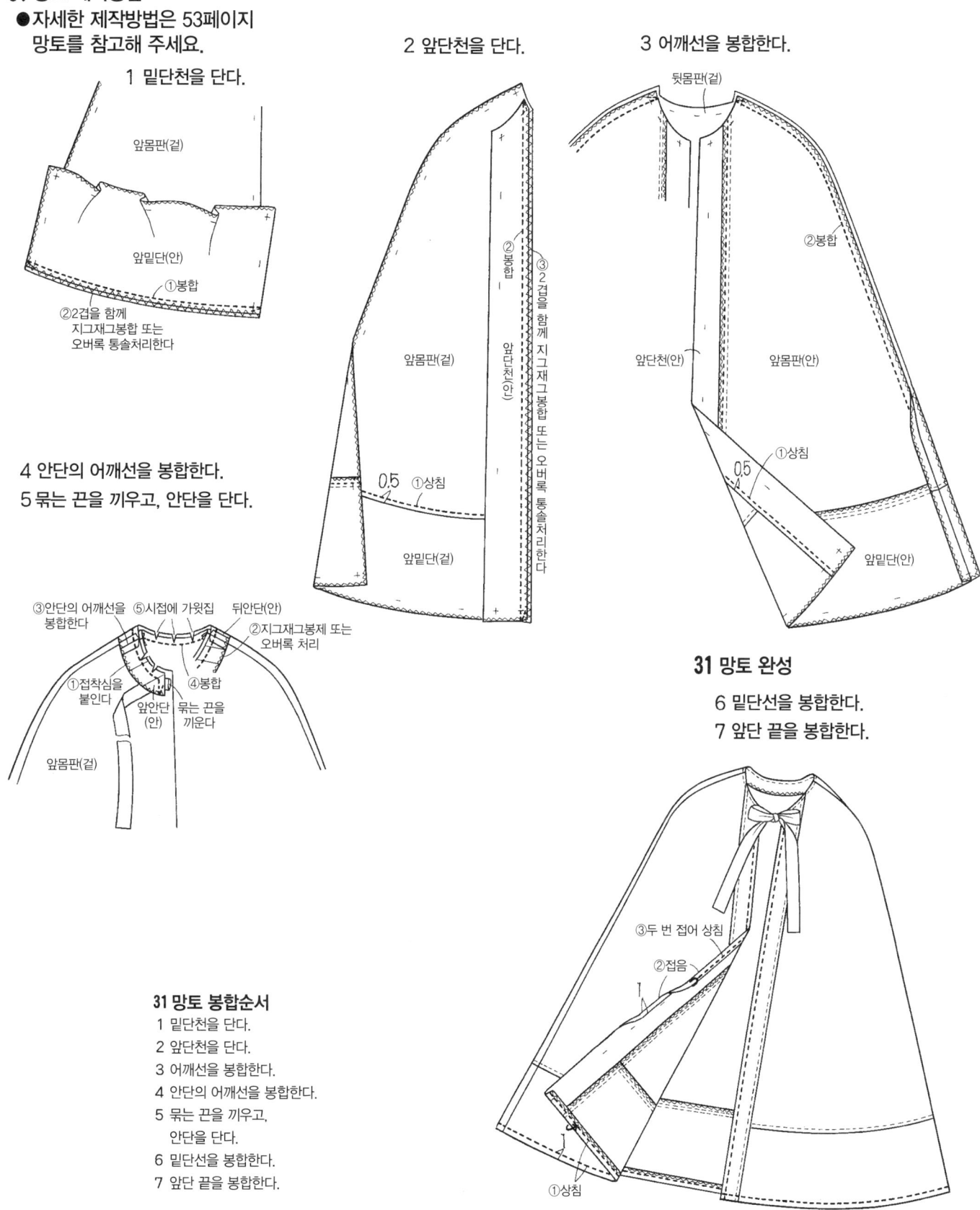

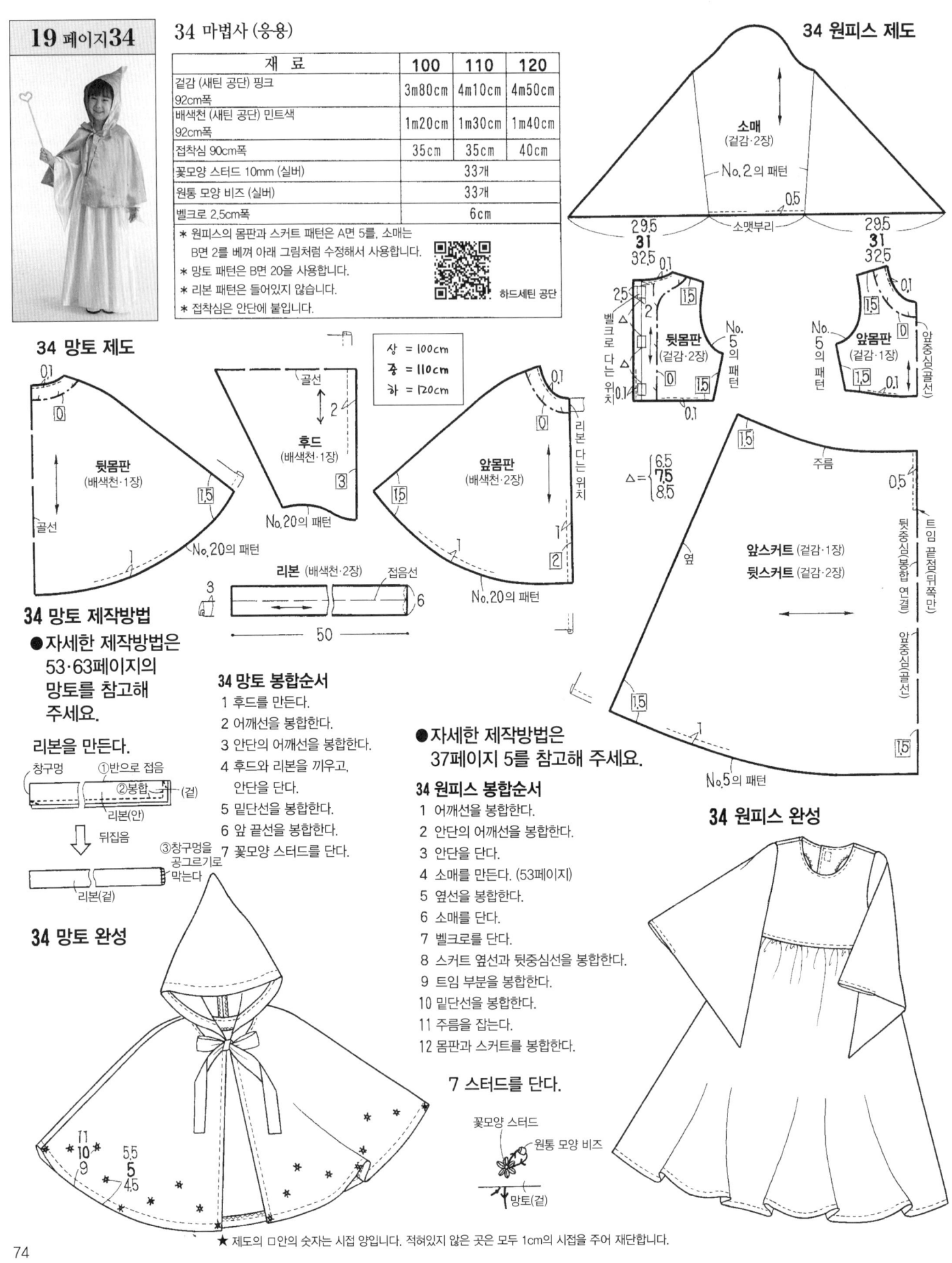

20 페이지 35 — 35 할아버지 (응용)

재료	100	110	120
겉감 (펠트) 와인색 100cm폭	60cm	60cm	60cm
배색천 (옥스퍼드) 진밤색 112cm폭	1m20cm	1m30cm	1m40cm
고무줄 1cm폭	1m	1m5cm	1m10cm

* 조끼 패턴은 A면 23을, 팬츠 패턴은 B면 8을 베껴 아래 그림처럼 수정해서 사용합니다.
* 모자 패턴은 들어있지 않습니다.
* 모자는 머리둘레 52cm 사이즈입니다.

에나멜/단색옥스포드

35 조끼 제도

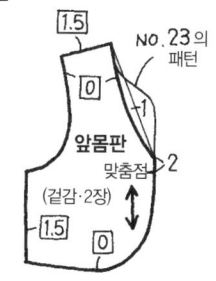

뒷몸판 (겉감·1장) — NO.23의 패턴
앞몸판 (겉감·2장) — NO.23의 패턴

35 모자 제도

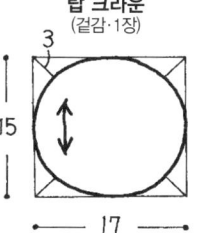

탑 크라운 (겉감·1장) — 3, 15, 17

사이드 크라운 (겉감·1장) — 1, 1.5, 6, 52

상 = 100cm
중 = 110cm
하 = 120cm

35 팬츠 제도

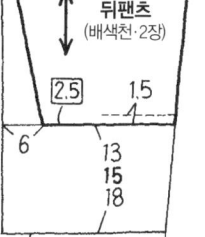
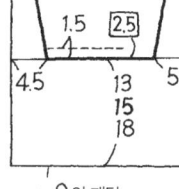

뒤팬츠 (배색천·2장) — 2.5, 3, 0.1, 1.5, 2.5, 1.5, 6, 13, 15, 18 — NO.8의 패턴
고무줄을 통과시킨다 (오른쪽만)

앞팬츠 (배색천·2장) — 2.5, 3, 0.1, 1.5, 1.5, 2.5, 4.5, 13, 15, 5, 18 — NO.8의 패턴
전체 둘레에 46 / 48cm / 52 의 고무줄을 통과시킨다

맞춤점

35 팬츠 제작방법

1 옆선을 봉합한다.
2 밑아래를 봉합한다.
3 밑위를 봉합한다.
4 허리둘레를 봉합하고, 고무줄을 통과시킨다.

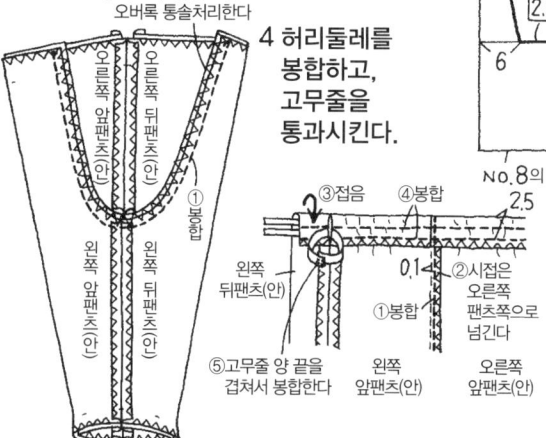

35 팬츠 봉합순서

1 옆선을 봉합한다.
2 밑아래를 봉합한다.
3 밑위를 봉합한다.
4 허리둘레를 봉합하고, 고무줄을 통과시킨다.
5 밑단선을 봉합한다.

35 팬츠 완성

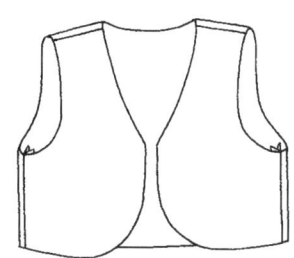

35 조끼 봉합순서

1 어깨선을 봉합한다.
2 옆선을 봉합한다.

※ 어깨선, 옆선 이외에는 시접을 주지 않고 재단합니다.

35 모자 봉합순서

1 사이드 크라운을 봉합한다.
2 모자쓰는 입구를 봉합한다.
3 탑 크라운을 단다.

35 모자 완성

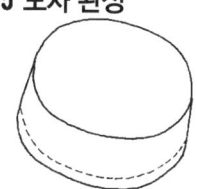

35 조끼 완성

● 자세한 제작방법은 67페이지의 23을 참고해 주세요.

35 모자 제작방법

1 사이드 크라운을 봉합한다.

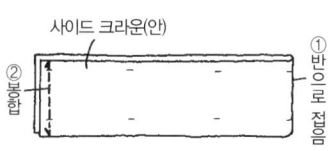

2 모자쓰는 입구를 봉합한다.

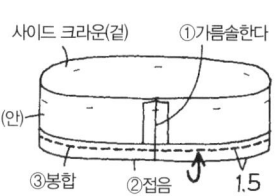

3 탑 크라운을 단다.

★ 제도의 □안의 숫자는 시접 양입니다. 적혀있지 않은 곳은 모두 1cm의 시접을 주어 재단합니다.

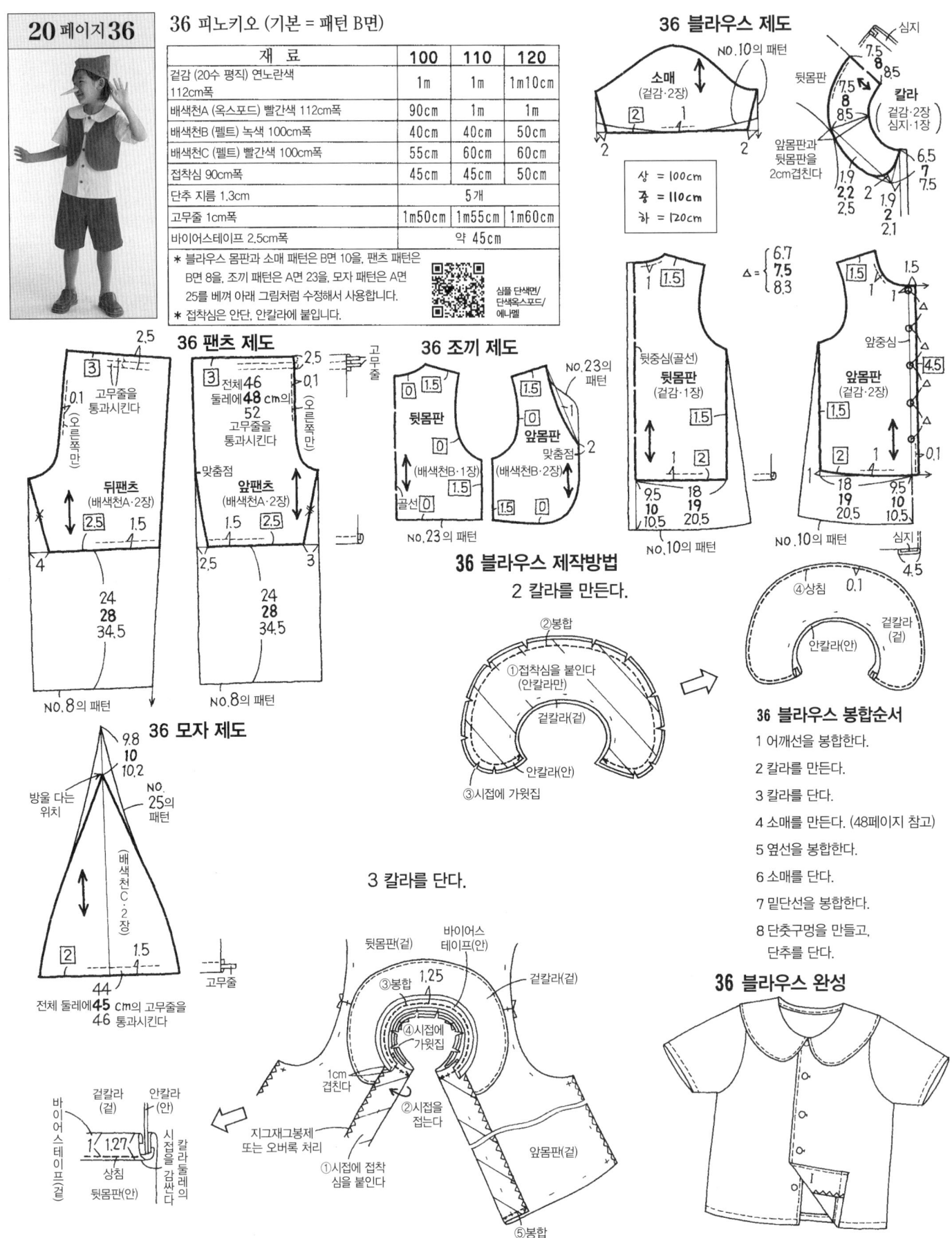

36 조끼 완성
● 자세한 제작방법은 67페이지 23을 참고해 주세요.

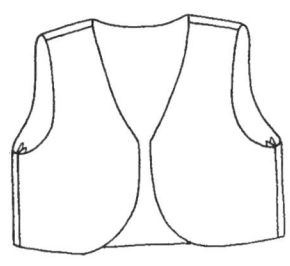

36 조끼 봉합순서
1 어깨선을 봉합한다.
2 옆선을 봉합한다.

※ 어깨선, 옆선 이외에는 시접을 주지 않고 재단합니다.

36 모자 완성

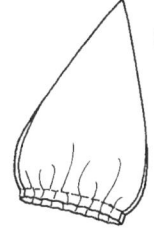

● 자세한 제작방법은 68페이지 25를 참고해 주세요.

36 팬츠 완성
● 자세한 제작방법은 75페이지 35를 참고해 주세요.

36 팬츠 봉합순서
1 옆선을 봉합한다.
2 밑아래를 봉합한다.
3 밑위를 봉합한다.
4 허리둘레를 봉합하고, 고무줄을 통과시킨다.
5 밑단선을 봉합한다.

♥ 39·40 실물크기 아플리케 도안 ♥

40 (배색천·4장)

40 아플리케(소)
(배색천·4장)

40 아플리케(대)
(배색천·10장)

39 (배색천·4장)

♥ K·L 창 실물 패턴 ♥

L 창
(겉감·2장
두꺼운 종이·2장)

39 아플리케(대)
(배색천·2장)

K 창
(겉감·2장
두꺼운 종이·2장)

39 아플리케(소)
(배색천·4장)

★ 제도의 □안의 숫자는 시접 양입니다. 적혀있지 않은 곳은 모두 1cm의 시접을 주어 재단합니다.

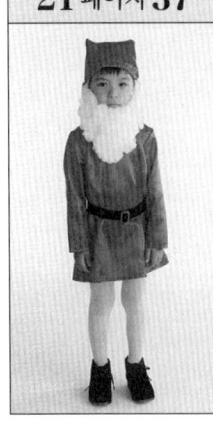

21 페이지 37

37 난쟁이 (응용)

재 료	100	110	120
겉감 (폴리에스테르 새틴 공단) 빨간색 122cm폭	1m10cm	1m20cm	1m70cm
접착심 90cm폭	60cm	65cm	70cm
벨트끈 3cm폭	75cm	75cm	80cm
고무줄 1cm폭	약 50cm		
방울 지름 2.5cm폭	1개		
버클 3cm폭	1개		
벨크로 2.5cm폭	8cm		

* 의상 패턴은 B면 10을, 모자 패턴은 A면 25를 베껴 아래 그림처럼 수정해서 사용합니다
* 벨트 패턴은 들어있지 않습니다.
* 접착심은 안단에 붙입니다.

하드세틴 공단

37 블라우스 제도

37 벨트 제도 (벨트끈)

37 모자 제도 (겉감·2장)

상 = 100cm
중 = 110cm
하 = 120cm

37 블라우스 봉합순서
1 어깨선을 봉합한다.
2 안단의 어깨선을 봉합한다.
3 안단을 단다.
4 소매를 만든다. (48페이지 참고)
5 몸판 옆선을 봉합한다.
6 소매를 단다.
7 밑단선을 봉합한다.
8 벨크로를 단다.
9 벨트를 만든다.

37 모자 완성
● 자세한 제작방법은 68페이지 25를 참고해 주세요.

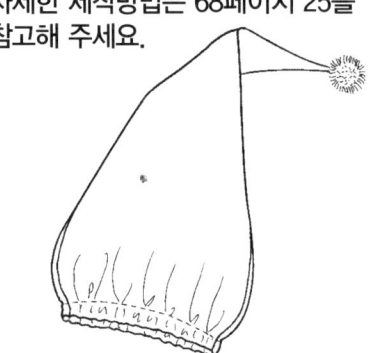

37 블라우스 완성
● 자세한 제작방법은 37페이지 5의 몸판을, 소매는 48페이지 2를 참고해 주세요.

37 벨트 완성
● 제작방법은 57페이지 10과 동일합니다.

★ 제도의 □안의 숫자는 시접 양입니다. 적혀있지 않은 곳은 모두 1cm의 시접을 주어 재단합니다.

39 · 40 트럼프

재 료	100	110	120
겉감 (펠트) 흰색 100cm폭	1m	1m5cm	1m10cm
39 배색천 (펠트) 빨간색 100cm폭		10cm	
40 배색천 (펠트) 검은색 100cm폭		15cm	
가방용 접착심 90cm폭	1m	1m5cm	1m10cm
고무줄 2cm폭	35cm	40cm	40cm
패브릭 본드		약간	

* 몸판의 패턴은 들어있지 않습니다.
* 아플리케 도안의 실물크기 패턴은 77페이지에 있습니다.

★ 주의!
겉감의 「펠트」에 접착심을 붙이는 경우, 다리미의 온도는 반드시 「저온」으로 설정하고 접착심쪽에서 다림질한다.

39 · 40 봉합순서
1 접착심을 붙인다.
2 아플리케를 붙인다.
3 고무줄을 단다.

39 · 40 완성

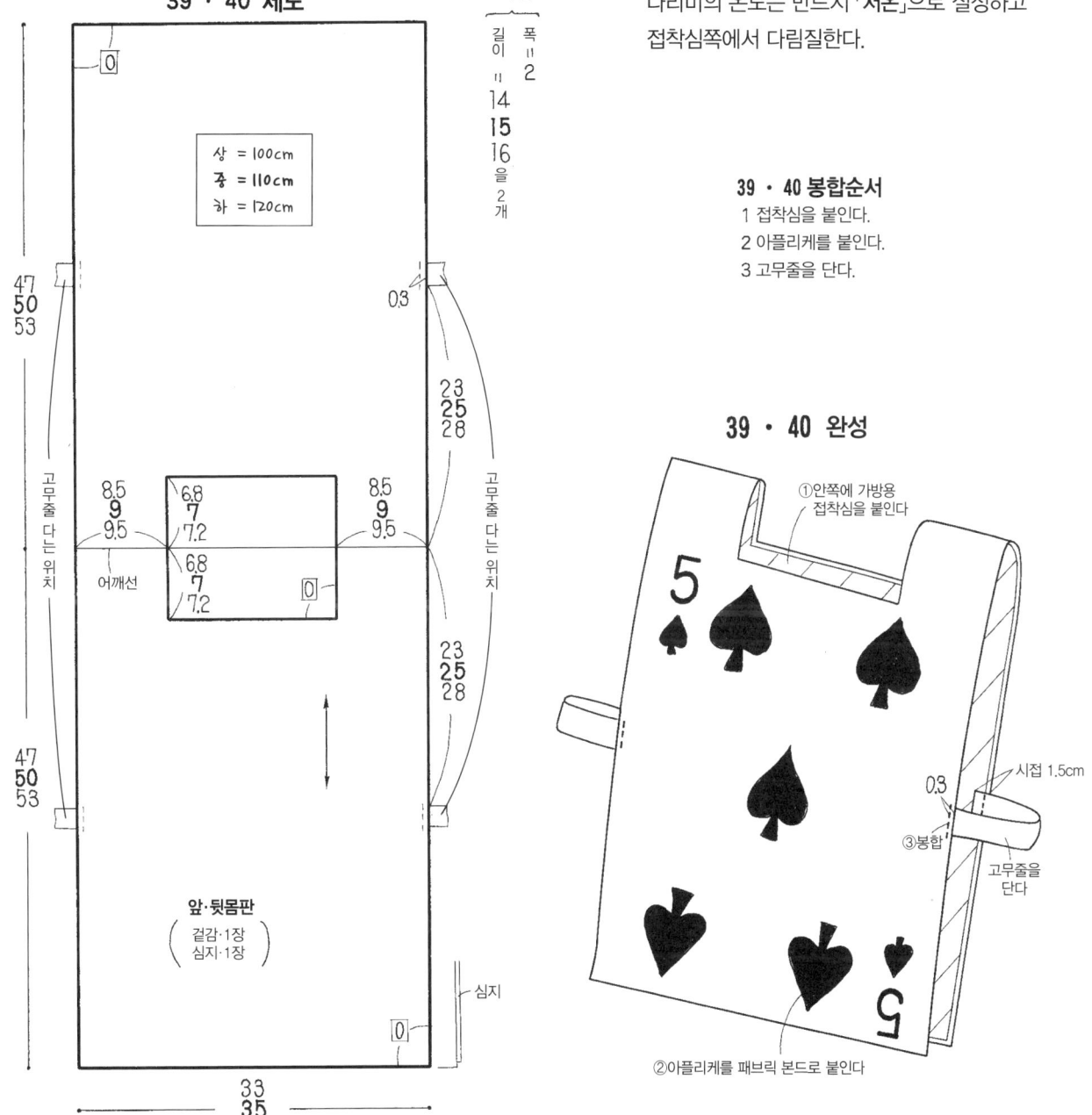

★ 제도의 □안의 숫자는 시접 양입니다. 적혀있지 않은 곳은 모두 1cm의 시접을 주어 재단합니다.

47 · 48 조끼 제도

47 · 48 동물 의상 제도

47 개구리 (모자는 기본 = 패턴 B면)

재 료	100	110	120
겉감 (면 저지) 진녹색 90cm폭	2m30cm	2m60cm	2m80cm
배색천A (펠트) 검은색 100cm폭	60cm	60cm	60cm
배색천B (폴리에스테르 새틴 공단) 빨간색 122cm폭	15cm		
펠트(흰색·검은색)	각 10cm×5cm		
지퍼	34.5cm	36.5cm	39.5cm
고무줄 1cm폭	85cm	90cm	1m
리본 1cm폭	60cm		
면테이프 1.5cm폭	70cm		
바이어스테이프 2.5cm폭	약 50cm		
방울솜	약간		

* 동물 의상 패턴은 B면 12~19의 후드를 제외하고 사용합니다.
* 조끼 패턴은 A면 23을 베껴 아래 그림처럼 수정해서 사용합니다.
* 나비 넥타이 패턴은 들어있지 않습니다.
* 모자는 프리 사이즈입니다.

모던 다이마루

48 토끼 (모자는 기본 = 패턴 A면)

재 료	100	110	120
겉감 (면 저지) 흰색 90cm폭	2m30cm	2m60cm	2m80cm
배색천A (펠트) 파란색 100cm폭	60cm	60cm	60cm
배색천B (폴리에스테르 새틴 공단) 빨간색 122cm폭	15cm		
배색천C (덤블링) 흰색 92cm폭	30cm		
펠트 (핑크색)	15cm×10cm		
지퍼	34.5cm	36.5cm	39.5cm
고무줄 1cm폭	85cm	90cm	1m
리본 1cm폭	60cm		
바이어스테이프 2.5cm폭	약 50cm		

* 동물 의상 패턴은 B면 12~19의 후드를 제외하고 사용합니다.
* 조끼 패턴은 A면 23을 베껴 아래 그림처럼 수정해서 사용합니다.
* 나비 넥타이 패턴은 들어있지 않습니다.
* 모자는 프리 사이즈입니다.

모던 다이마루/ 에나멜/ 하드세틴 공단

47 모자 제도

상 = 100cm
중 = 110cm
하 = 120cm

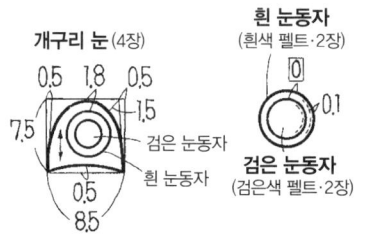

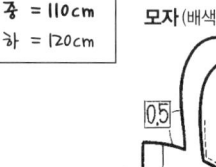

48 모자

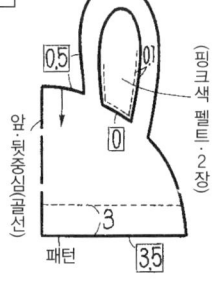

47 · 48 나비 넥타이 완성

넥타이 중심천 사이에 리본을 통과시킨다

47 · 48 나비 넥타이 제도

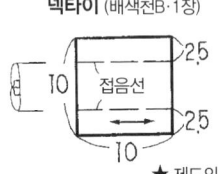
넥타이 (배색천B·1장)

넥타이 중심천 (배색천B·1장)

47 · 48 나비 넥타이 제작방법

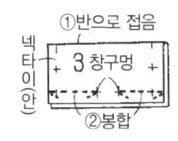
①반으로 접음
②봉합
③가름솔 한다
④봉합

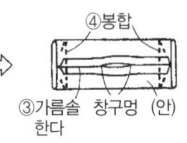
뒤집음
⑤창구멍을 공그르기로 막는다

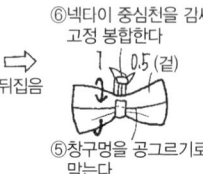
⑥넥타이 중심천을 감싸 고정 봉합한다

★ 제도의 □안의 숫자는 시접 양입니다. 적혀있지 않은 곳은 모두 1cm의 시접을 주어 재단합니다.

47 모자 제작방법

1 뒤후드를 봉합한다.
2 눈을 만든다.
3 앞후드를 봉합한다.
4 눈을 끼우고, 앞후드와 뒤후드를 맞춰 봉합한다.

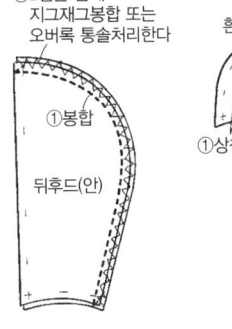
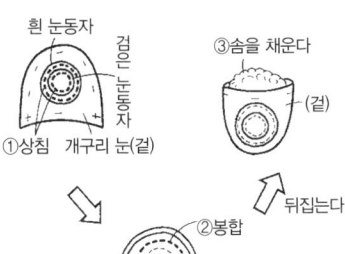
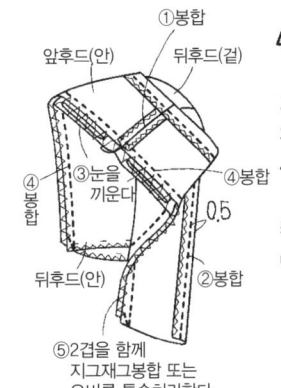

47 모자 봉합순서
1 뒤후드를 봉합한다.
2 눈을 만든다.
3 앞후드를 봉합한다.
4 눈을 끼우고, 앞후드와 뒤후드를 맞춰 봉합한다.
5 목둘레를 봉합한다.
6 면테이프를 단다.

47 모자 완성

48 모자 제작방법

1 안쪽 귀를 단다.
2 둘레를 봉합한다.
3 쓰는 입구를 봉합한다.

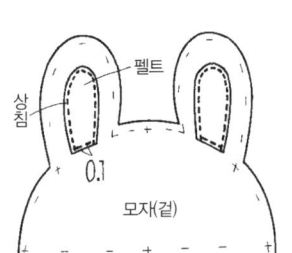

48 모자 봉합순서
1 안쪽 귀를 단다.
2 둘레를 봉합한다.
3 쓰는 입구를 봉합한다.

48 모자 완성

47 · 48 조끼 완성
● 자세한 제작방법은 67페이지를 참고해 주세요.

47 · 48 조끼 봉합순서
1 어깨선을 봉합한다.
2 옆선을 봉합한다.

47 · 48 동물 의상 제작방법

● 자세한 제작방법은 59페이지·60페이지를 참고해 주세요.

8 목둘레를 봉합한다.

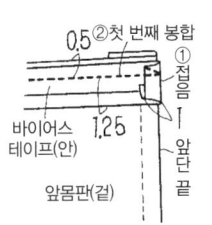
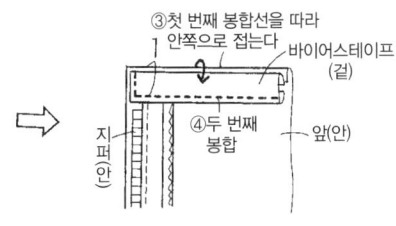

47 · 48 동물 의상 완성

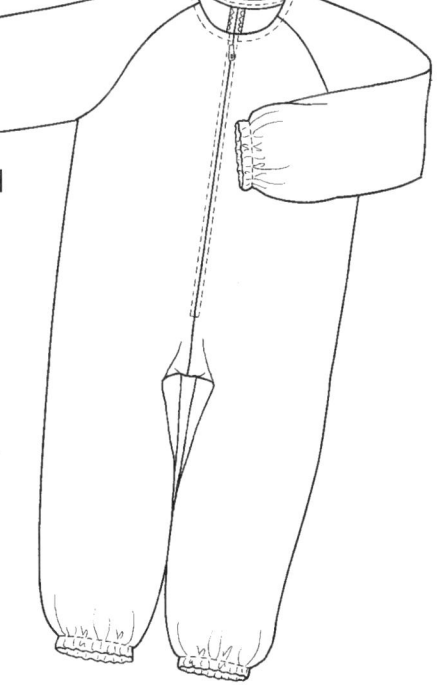

47 · 48 동물 의상 봉합순서
1 뒷중심선을 봉합한다.
2 앞중심선을 봉합한다.
3 지퍼를 단다.
4 옆선을 봉합한다.
5 밑아래를 봉합한다.
6 소매를 만든다.
7 소매를 단다.
8 목둘레를 봉합한다.
9 소맷부리와 팬츠 밑단에 고무줄을 통과시킨다.

29 페이지 49〜51

양털원단/
단색폴라폴리스

49 곰 (기본 = 패턴 94페이지)

재 료	프리 사이즈
겉감 (덤블링) 갈색 40cm폭	10cm
펠트 (연갈색)	10cm×5cm
와이어 36cm	2개
머리띠	1개

＊ 실물크기 패턴은 94페이지에 있습니다.

50 고양이 (기본= 패턴 94페이지)

재 료	프리 사이즈
겉감 (덤블링) 흰색 40cm폭	10cm
펠트 (핑크색)	10cm×5cm
와이어 36cm	2개
머리띠	1개

＊ 실물크기 패턴은 94페이지에 있습니다.

51 토끼 (기본= 패턴 94페이지)

재 료	프리 사이즈
겉감 (덤블링) 핑크색 40cm폭	20cm
펠트 (흰색)	10cm×15cm
와이어 36cm	2개
머리띠	1개

＊ 실물크기 패턴은 94페이지에 있습니다.

49〜51 제작방법

1 안쪽 귀를 단다.

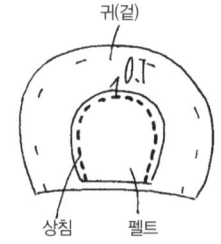

2 둘레를 봉합한다.

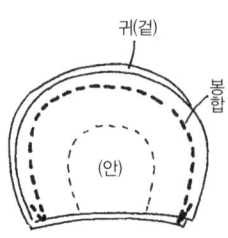

3 귀 안으로 와이어를 넣는다.

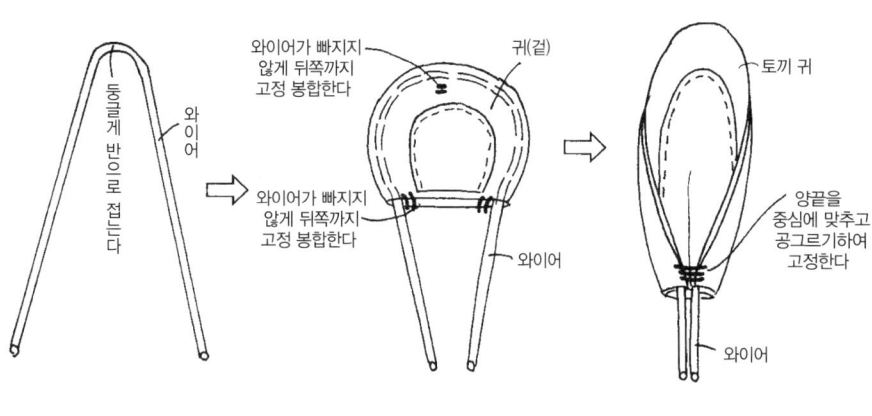

4 머리띠에 와이어를 감아 귀를 고정한다.

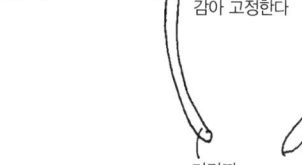

49 곰 완성

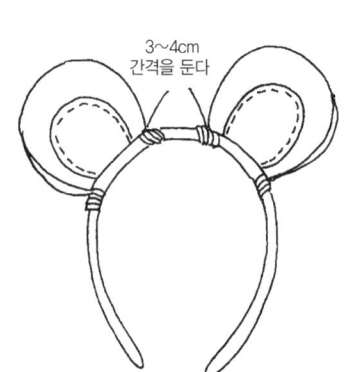

50 고양이 완성

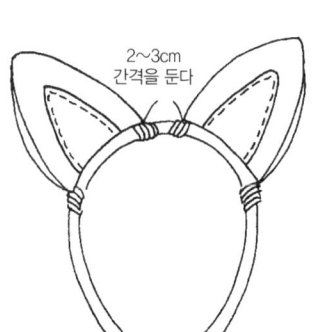

51 토끼 완성

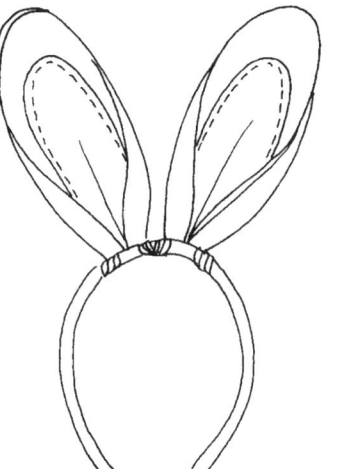

31 페이지 53

53 도깨비 (기본 = 패턴 B면)

단색옥스포드

재 료	100	110	120
겉감 (옥스포드) 갈색 112cm폭	100cm	100cm	110cm
펠트 (살색)	20cm×20cm를 4장		
고무줄 1cm폭	1m55cm	1m60cm	1m80cm
패브릭 본드	약간		

* 줄무늬 모양의 패턴은 들어있지 않습니다. 펠트를 적당한 크기로 잘라서 패브릭 본드로 붙입니다.

상 = 100cm
중 = 110cm
하 = 120cm

53 제도

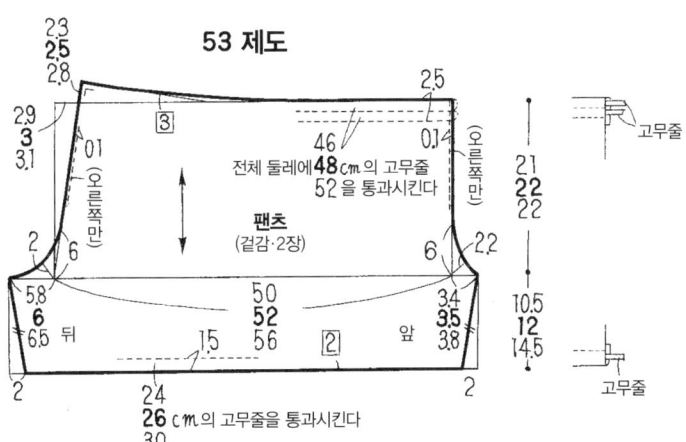

53 팬츠 제작방법

1 밑아래를 봉합한다.

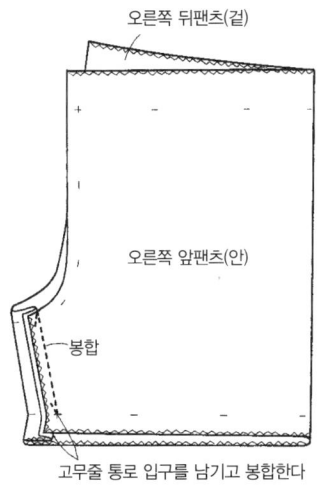

2 밑위를 봉합한다.
3 밑단선을 봉합하고 고무줄을 통과시킨다.

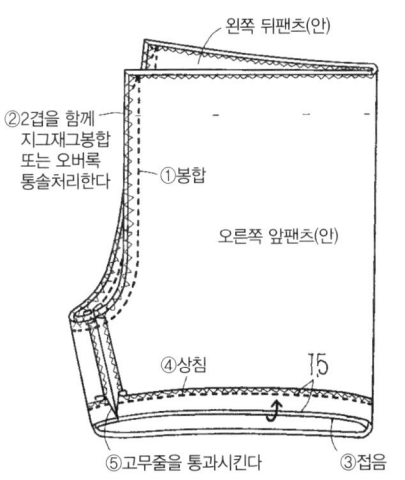

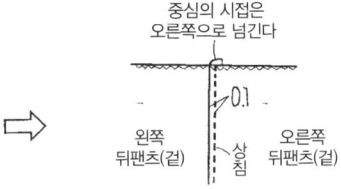

4 허리둘레를 봉합하고 고무줄을 통과시킨다.

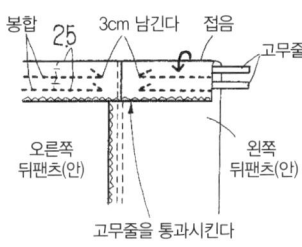

53 팬츠 완성

5 줄무늬 모양으로 자른 펠트를 붙인다.

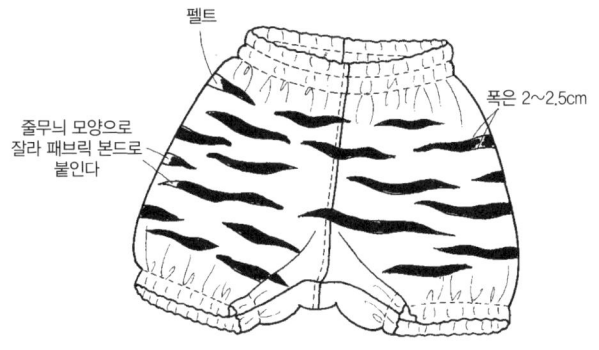

53 팬츠 봉합순서

1 밑아래를 봉합한다.
2 밑위를 봉합한다.
3 밑단선을 봉합하고 고무줄을 통과시킨다.
4 허리둘레를 봉합하고 고무줄을 통과시킨다.
5 줄무늬 모양의 펠트를 붙인다.

★ 제도의 □안의 숫자는 시접 양입니다. 적혀있지 않은 곳은 모두 1cm의 시접을 주어 재단합니다.

30 페이지 52

하드세틴 공단/
단색폴라폴리스

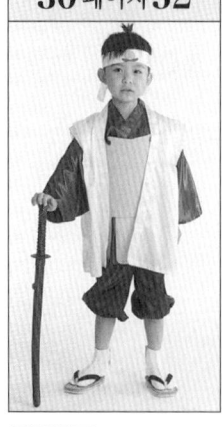

52 모모타로 (응용)

재 료	100	110	120
겉감 (폴리에스테르 새틴 공단) 파란색 122cm폭	1m20cm	1m20cm	1m30cm
배색천A (폴리에스테르 새틴 공단) 흰색 122cm폭	1m10cm	1m20cm	1m30cm
배색천B (폴리에스테르 새틴 공단) 녹색 122cm폭	1m20cm	1m20cm	1m40cm
펠트 (핑크색·녹색)	각 5cm×5cm		
접착심 90cm폭	1m50cm	1m60cm	1m75cm
고무줄 1cm폭	1m50cm	1m60cm	1m75cm
골판지 (하늘색)	약 28cm×51cm		
골판지 (노란색)	약 20cm×58cm		
아일렛 지름 1cm	8 개		
끈 굵기 0.8cm	3m		

* 팬츠 패턴은 B면 8을 베껴 아래 그림처럼 수정해서 사용합니다.
* 실물크기 아플리케 도안은 94페이지에 있습니다.
* 겉옷, 기모노, 머리띠, 가슴막이, 앞치마의 패턴은 들어있지 않습니다.
* 접착심은 겉옷의 칼라, 기모노의 칼라에 붙입니다.

52 겉옷 제도

칼라 (배색천A·1장)

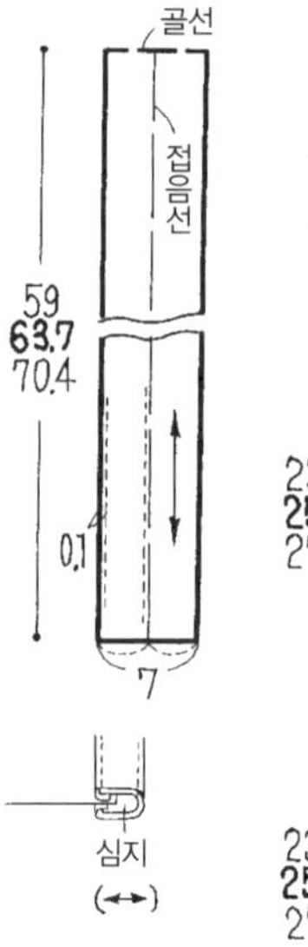

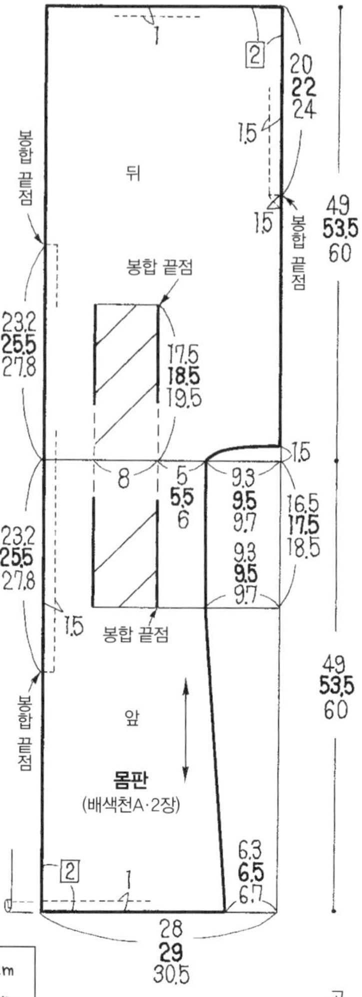

상 = 100cm
중 = 110cm
하 = 120cm

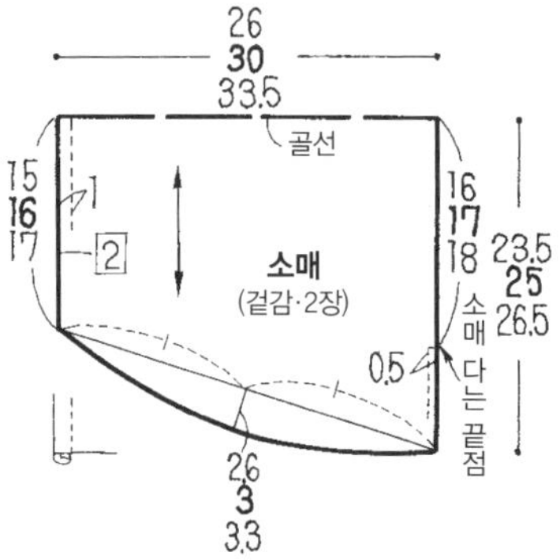

칼라 (겉감·1장)

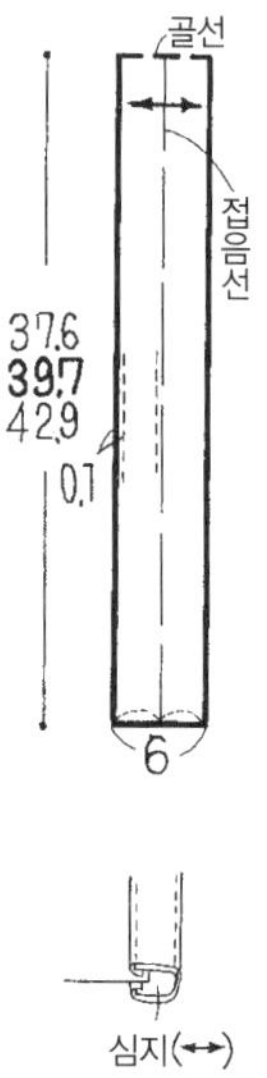

묶는 끈 (겉감·4개)

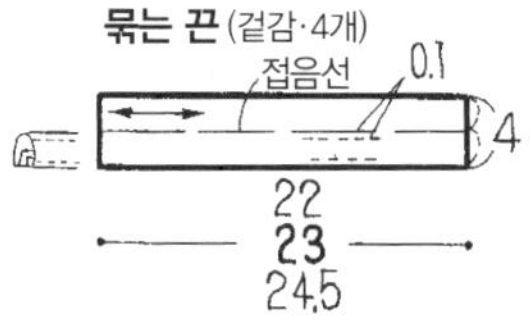

52 기모노 제도

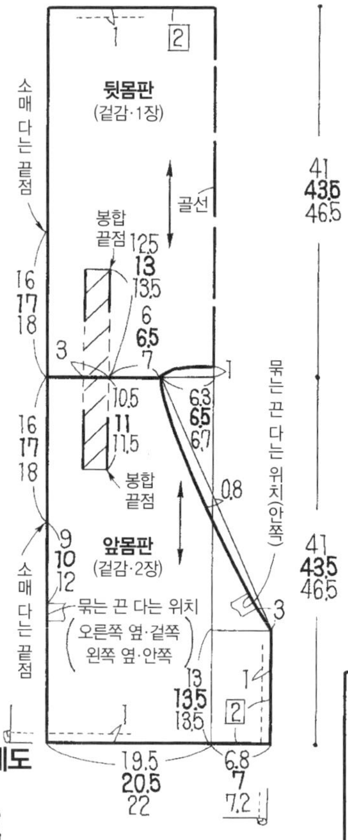

52 머리띠 제도

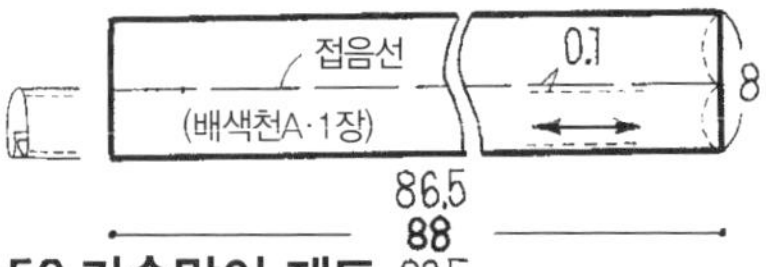

52 가슴막이 제도

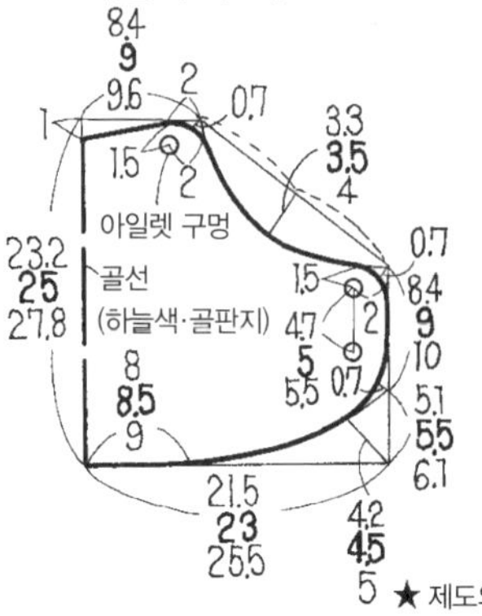

52 앞치마 제도

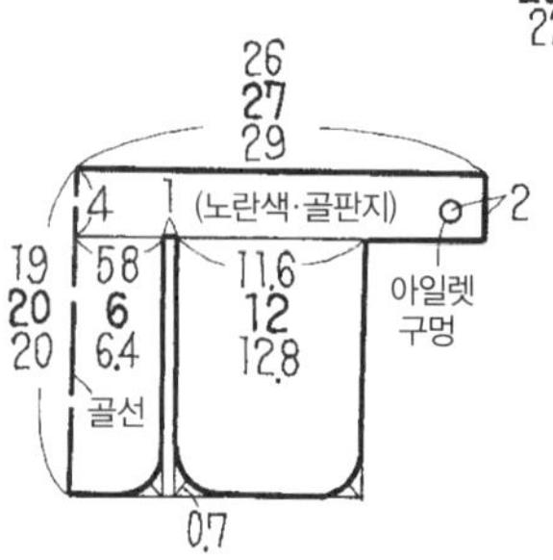

52 팬츠 제도

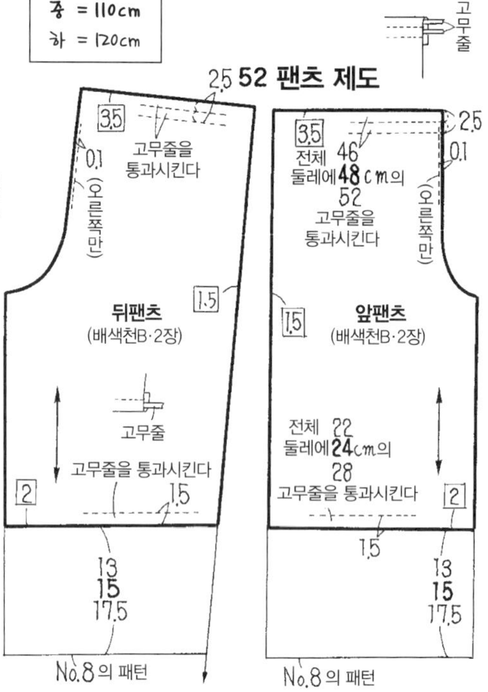

★ 제도의 □안의 숫자는 시접 양입니다. 적혀있지 않은 곳은 모두 1cm의 시접을 주어 재단합니다.

52 겉옷 제작방법

1 어깨 턱을 봉합한다.
※ 겉옷은 앞몸판과 뒷몸판의 어깨가 연결된 상태로 재단한다

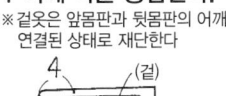

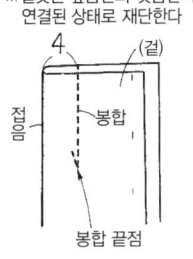

2 뒷중심선을 봉합한다.

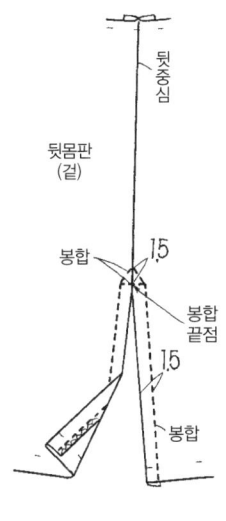

3 트임을 만든다.

4 옆선을 봉합한다.
5 소매둘레를 봉합한다.
6 밑단선을 봉합한다.

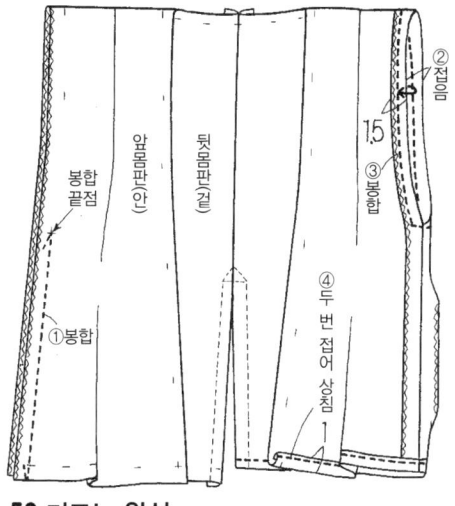

52 겉옷 완성

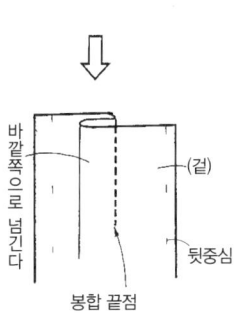

52 겉옷 봉합순서
1 어깨 턱을 봉합한다.
2 뒷중심선을 봉합한다.
3 트임을 만든다.
4 옆선을 봉합한다.
5 소매둘레를 봉합한다.
6 밑단선을 봉합한다.
7 칼라를 만들어 단다. (89페이지 참고)

52 기모노 완성

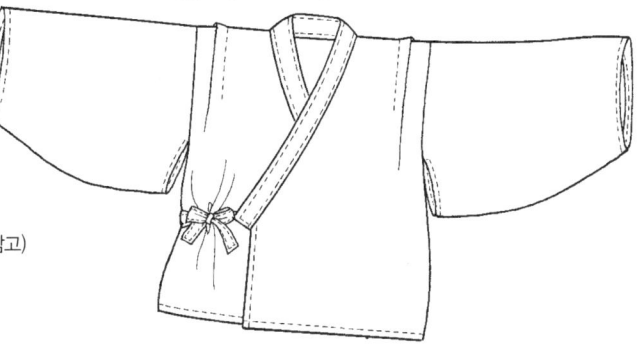

● 자세한 제작방법은 88·89페이지를 참고해 주세요.

52 기모노 봉합순서
1 묶는 끈을 만든다.
2 어깨선을 봉합한다.
3 옆선을 봉합한다.
4 소매를 만들어 단다.
5 앞단을 봉합한다.
6 칼라를 만들어 단다.
7 어깨 턱을 봉합한다.
8 밑단선을 봉합한다.

52 팬츠 완성

● 자세한 제작방법은 40페이지 8을 참고해 주세요.

52 팬츠 봉합순서
1 옆선을 봉합한다.
2 밑아래를 봉합한다.
3 밑위를 봉합한다.
4 허리둘레를 봉합하고, 고무줄을 통과시킨다.
5 밑단선을 봉합하고, 고무줄을 통과시킨다.

52 머리띠 완성

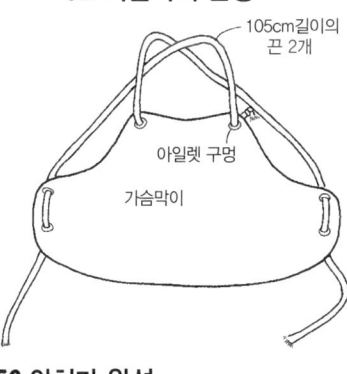

52 가슴막이 완성

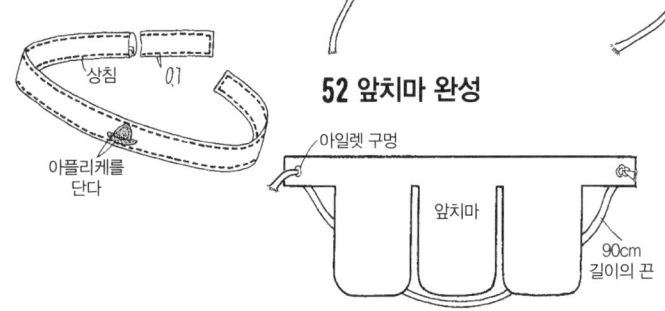

52 앞치마 완성

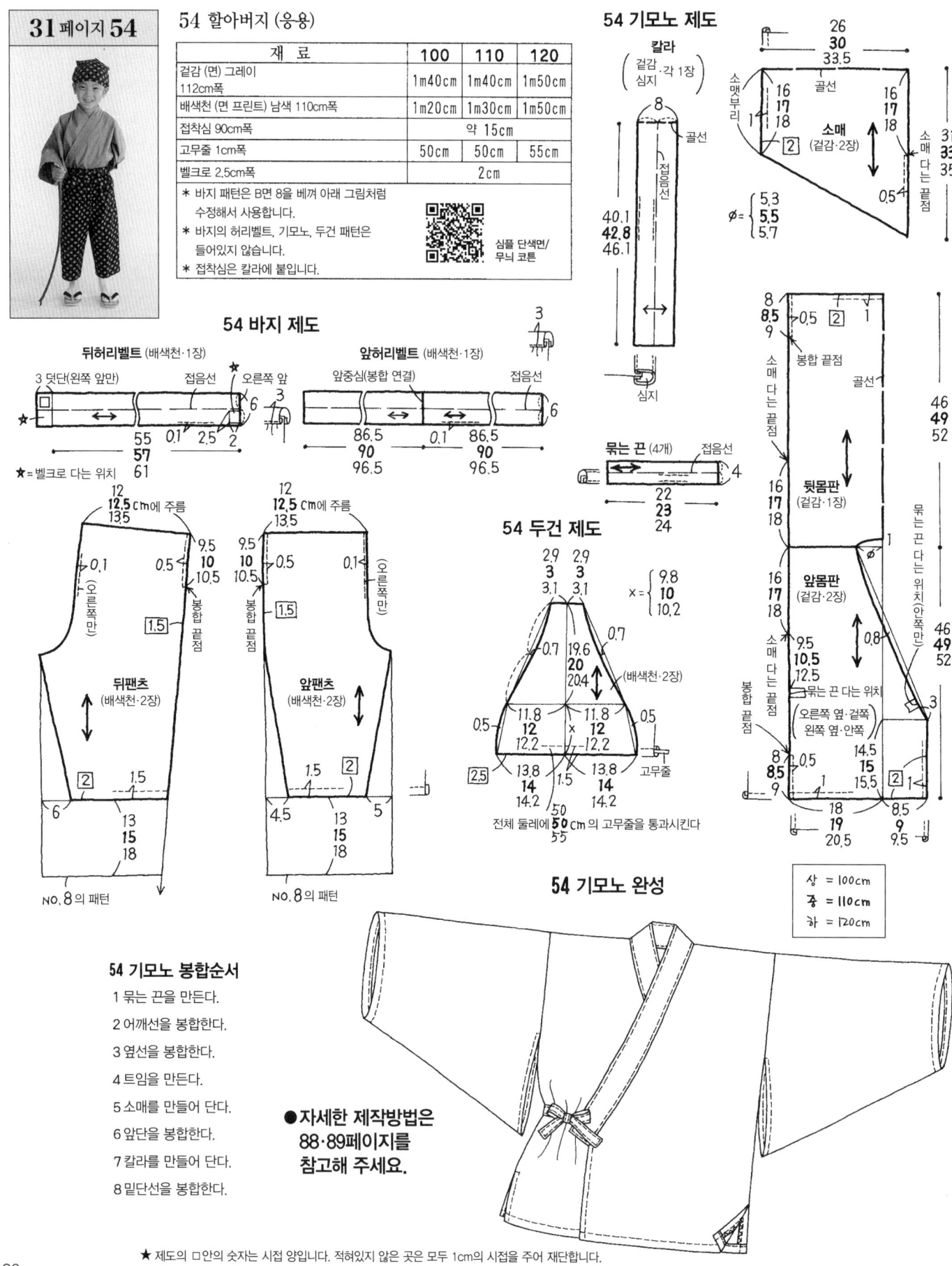

54 바지 제작방법

1 옆선을 봉합한다.
2 밑아래를 봉합한다.
3 밑위를 봉합한다.

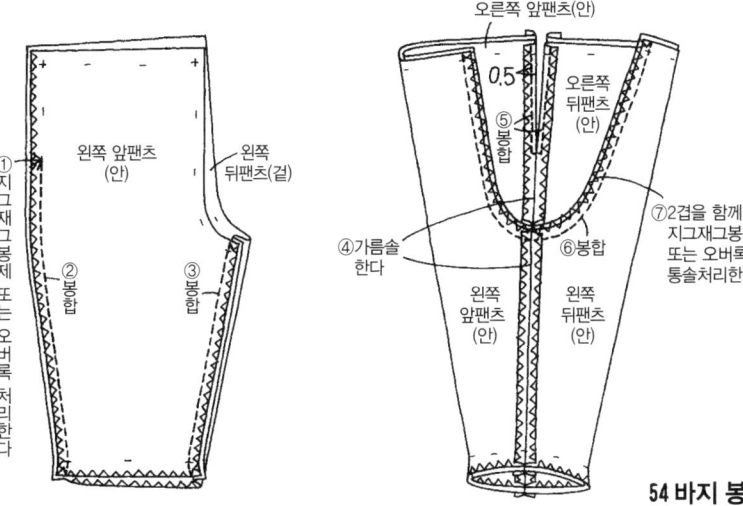

4 주름을 잡는다.

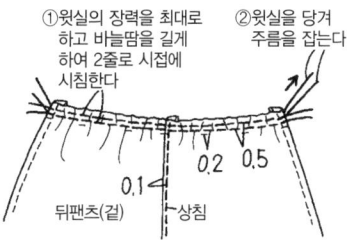

♥앞팬츠도 동일한 방법으로 제작합니다.

54 바지 완성

5 허리벨트를 만들어 단다.

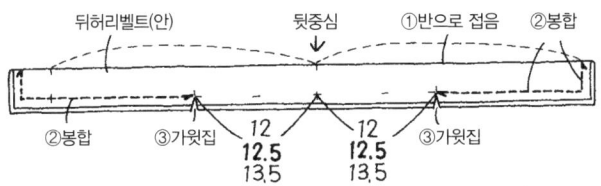

54 바지 봉합순서

1 옆선을 봉합한다.
2 밑아래를 봉합한다.
3 밑위를 봉합한다.
4 주름을 잡는다.
5 허리벨트를 만들어 단다.
6 밑단선을 봉합한다.

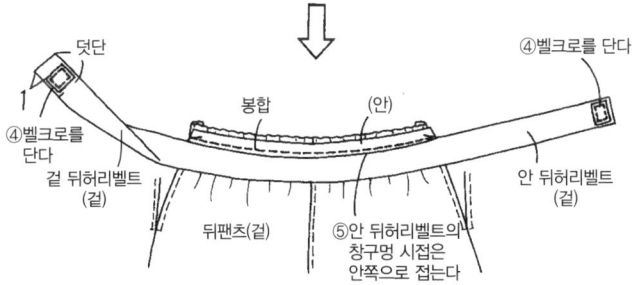

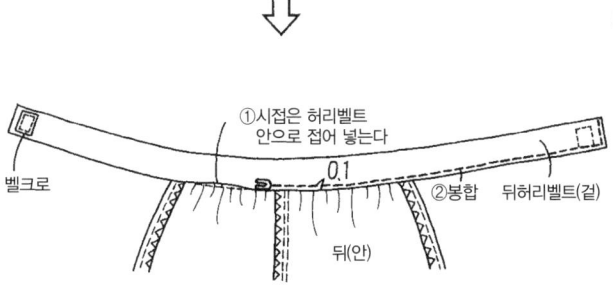

♥앞허리벨트도 동일한 방법으로 달아 줍니다.

54 두건 제작방법

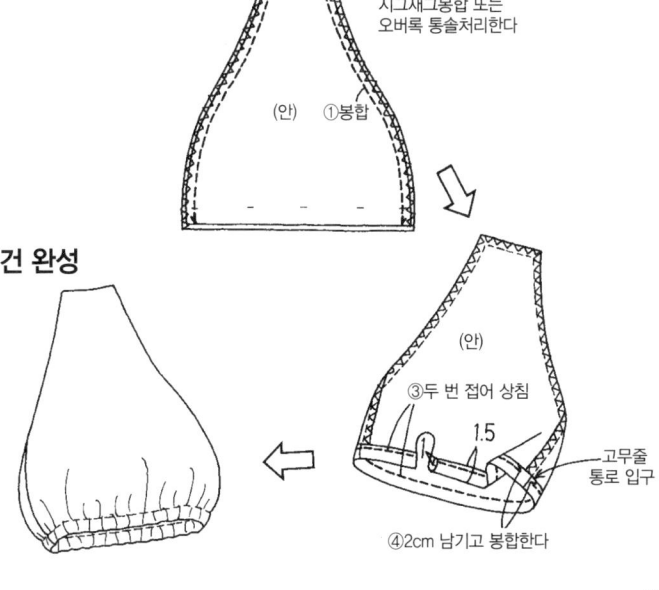

54 두건 완성

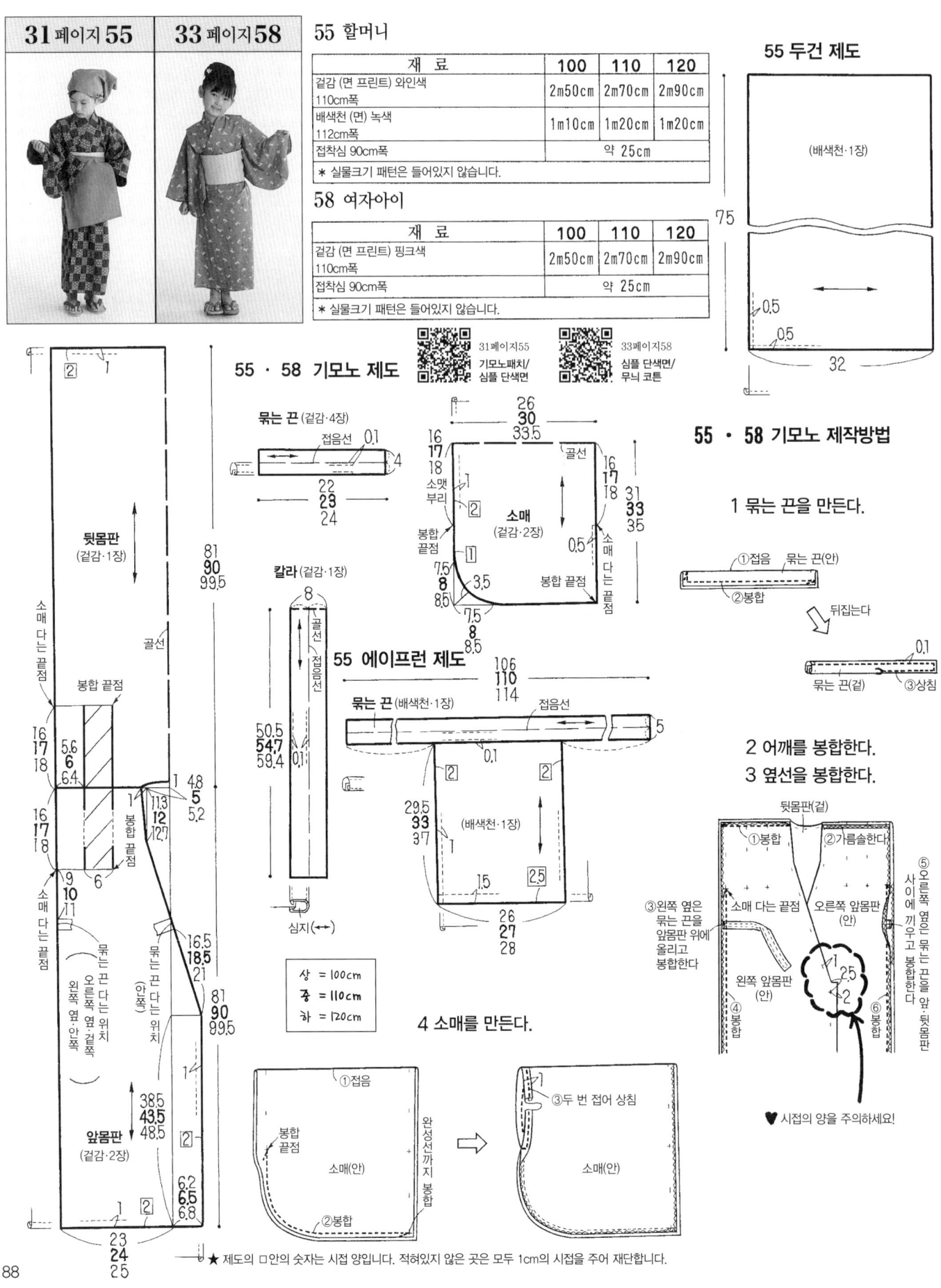

5 소매를 단다.
6 앞단을 봉합한다.

7 칼라를 만든다.

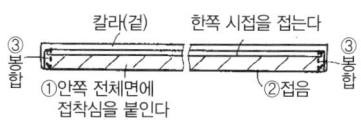

8 칼라를 단다.

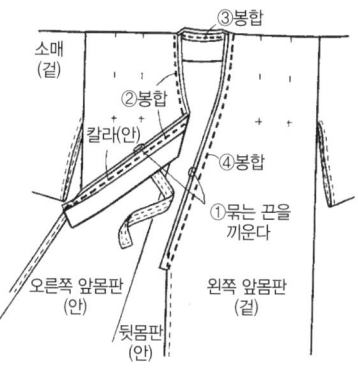

55 · 58 기모노 완성

9 어깨 턱을 봉합한다.

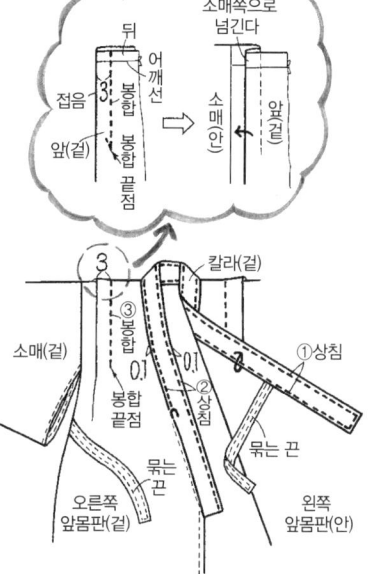

55 · 58 기모노 봉합순서
1 묶는 끈을 만든다.
2 어깨를 봉합한다.
3 옆선을 봉합한다.
4 소매를 만든다.
5 소매를 단다.
6 앞단을 봉합한다.
7 칼라를 만든다.
8 칼라를 단다.
9 어깨 턱을 봉합한다
10 밑단선을 봉합한다.

55 에이프런 제작방법

1 옆선을 봉합한다.
2 밑단선을 봉합한다.

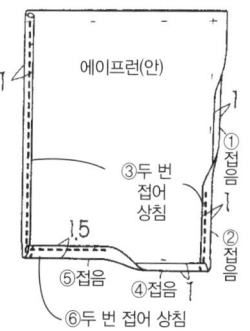

55 에이프런 봉합순서
1 옆선을 봉합한다.
2 밑단선을 봉합한다.
3 묶는 끈을 만들어 단다.

3 묶는 끈을 만들어 단다.

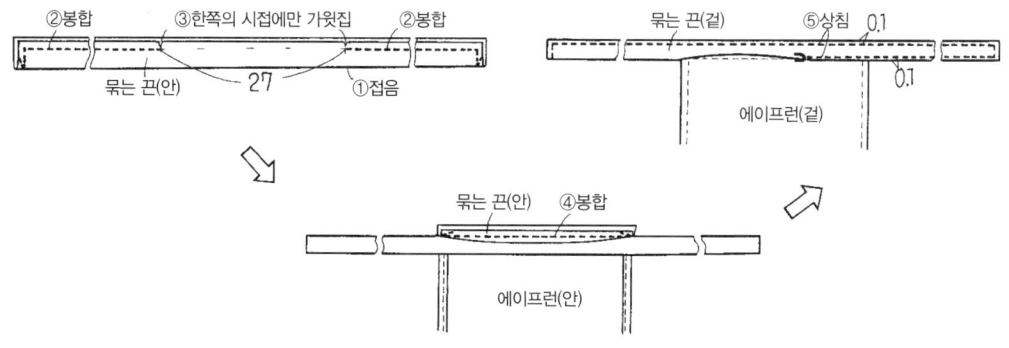

55 에이프런 완성

33 페이지 57

57 용궁 공주 (기본 = 패턴 A면)

재 료	100	110	120
겉감 (폴리에스테르 새틴 공단) 연두색 122cm폭	1m40cm	1m40cm	1m50cm
배색천A (폴리에스테르 새틴 공단) 로즈색 122cm폭	1m50cm	1m60cm	1m80cm
배색천B (리본 망사) 흰색 92cm폭	1m30cm	1m40cm	1m60cm
접착심 90cm폭	15cm		
새틴 공단 리본 1.2cm폭	1m80cm		
고무줄 1cm폭	1m50cm	1m55cm	1m60cm

* 오버스커트 패턴은 A면 57을 베껴 아래 그림처럼 수정해서 사용합니다.
* 기모노 패턴은 들어있지 않습니다.
* 접착심은 칼라에 붙입니다.

하드세틴 공단/ 큐티망사

57 기모노 제도

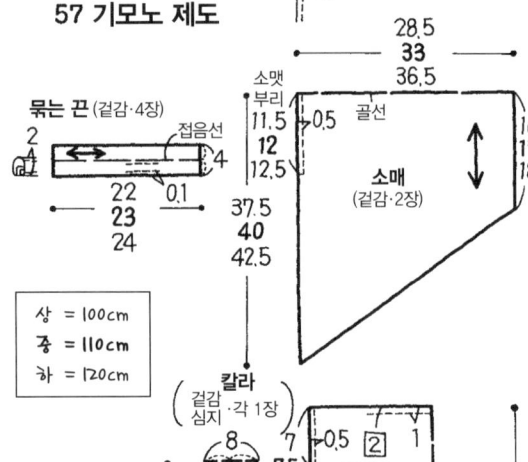

상 = 100cm
중 = 110cm
하 = 120cm

57 스커트 제도

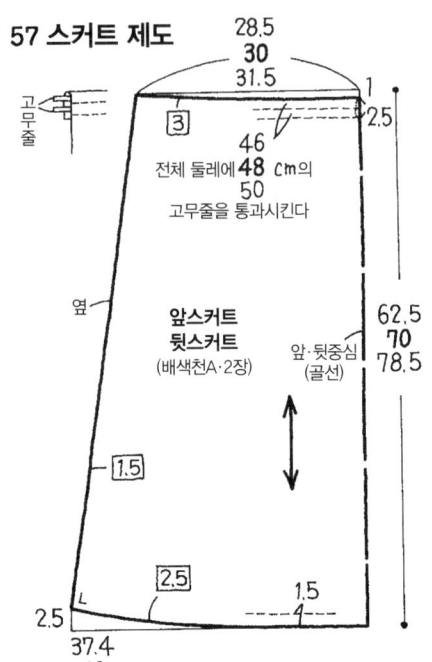

57 오버스커트 제도

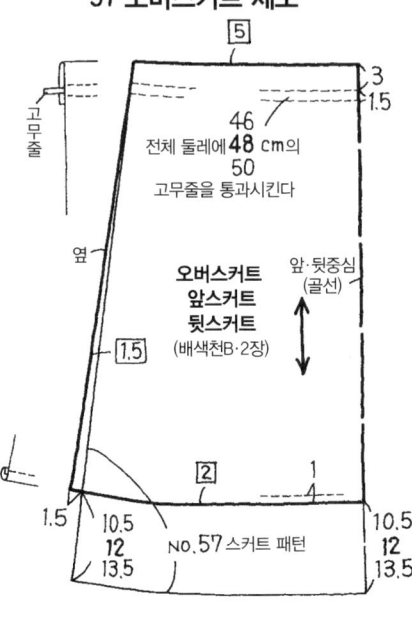

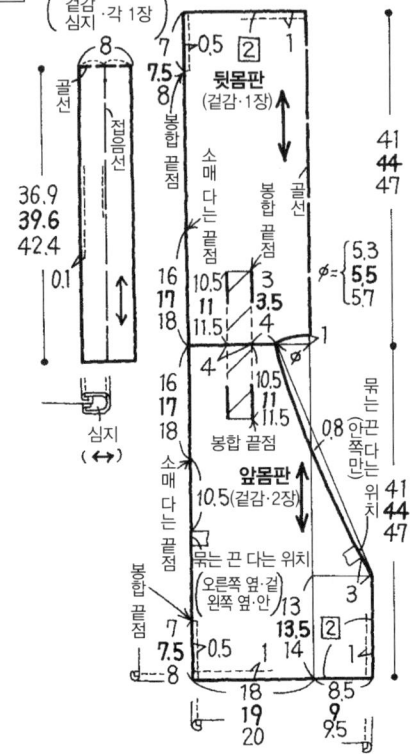

57 기모노 완성

● 자세한 제작방법은 88·89 페이지를 참고해 주세요.

57 기모노 봉합순서

1 묶는 끈을 만든다.
2 어깨선을 봉합한다.
3 옆선을 봉합한다.
4 트임을 만든다.
5 소매를 만들어 단다.
6 앞 끝을 봉합한다.
7 칼라를 만들어 단다.
8 어깨 턱을 봉합한다.
9 밑단선을 봉합한다.

★ 제도의 ㅁ안의 숫자는 시접 양입니다. 적혀있지 않은 곳은 모두 1cm의 시접을 주어 재단합니다.

57 스커트 제작방법

1 옆선을 봉합한다.

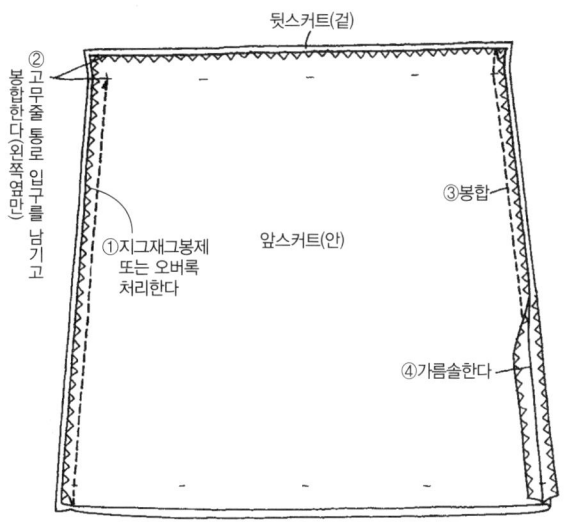

2 허리둘레를 봉합한다.

3 밑단선을 봉합한다.

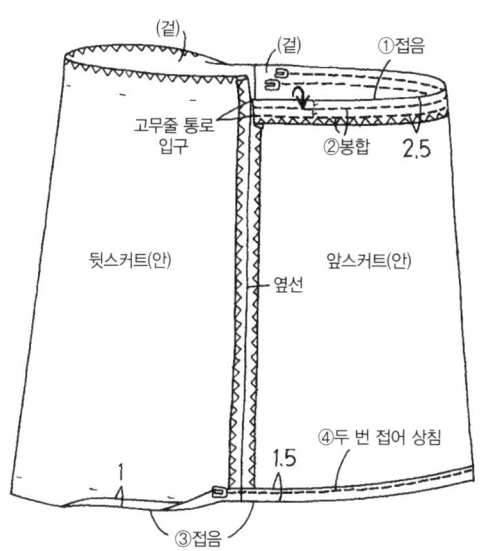

4 고무줄을 통과시킨다.

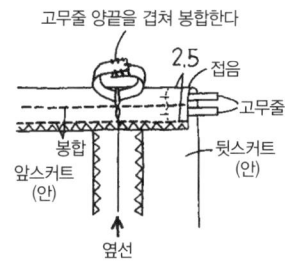

● 자세한 제작방법은 스커트를 참고해 주세요.

57 오버스커트 봉합순서

1 옆선을 봉합한다.
2 허리둘레를 봉합한다.
3 밑단선을 봉합한다.
4 고무줄을 통과시킨다.

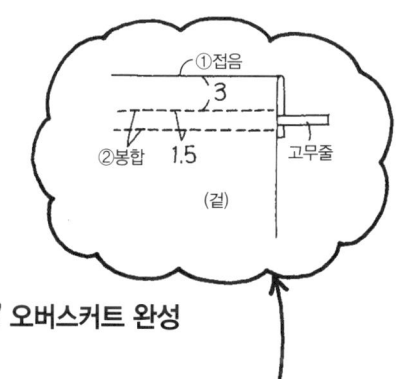

57 스커트 완성

57 스커트 봉합순서

1 옆선을 봉합한다.
2 허리둘레를 봉합한다.
3 밑단선을 봉합한다.
4 고무줄을 통과시킨다.

57 오버스커트 완성

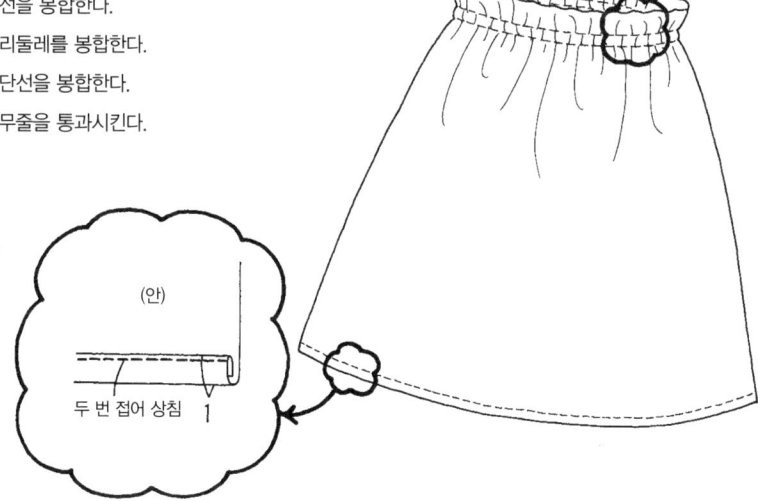

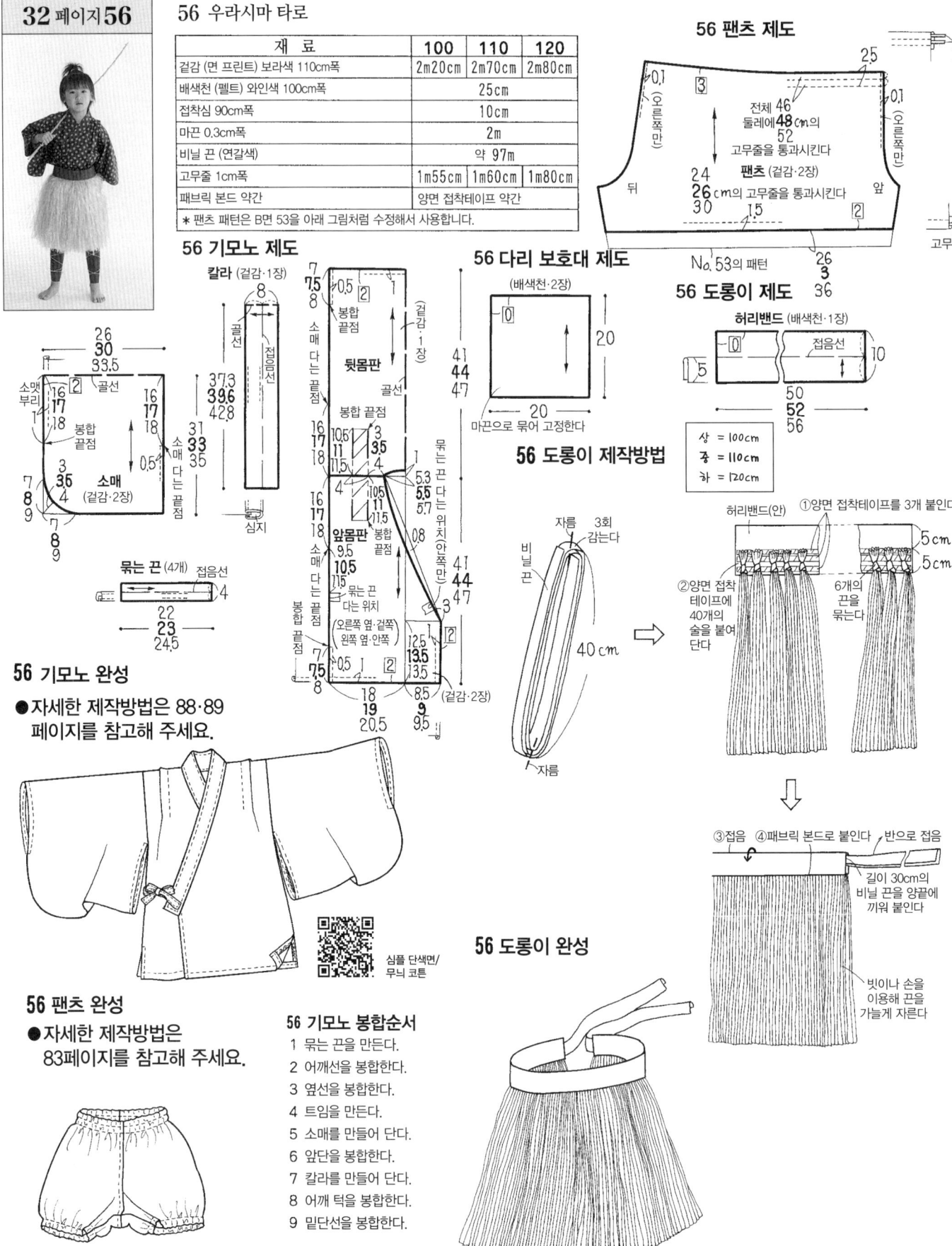

♥ 12~19 귀 실물크기 패턴 ♥

★ 제도의 □안의 숫자는 시접 양입니다. 적혀있지 않은 곳은 모두 1cm의 시접을 주어 재단합니다.

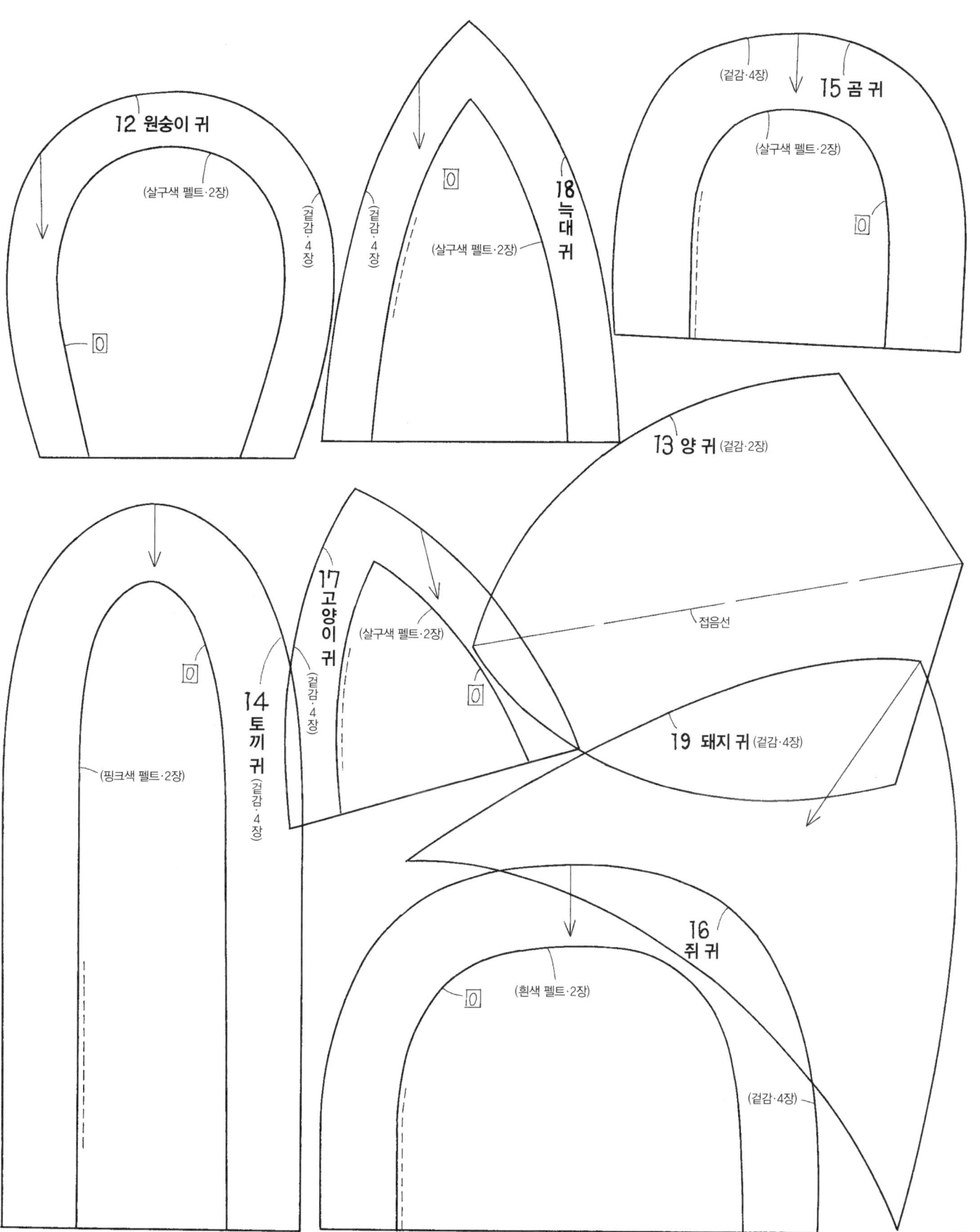

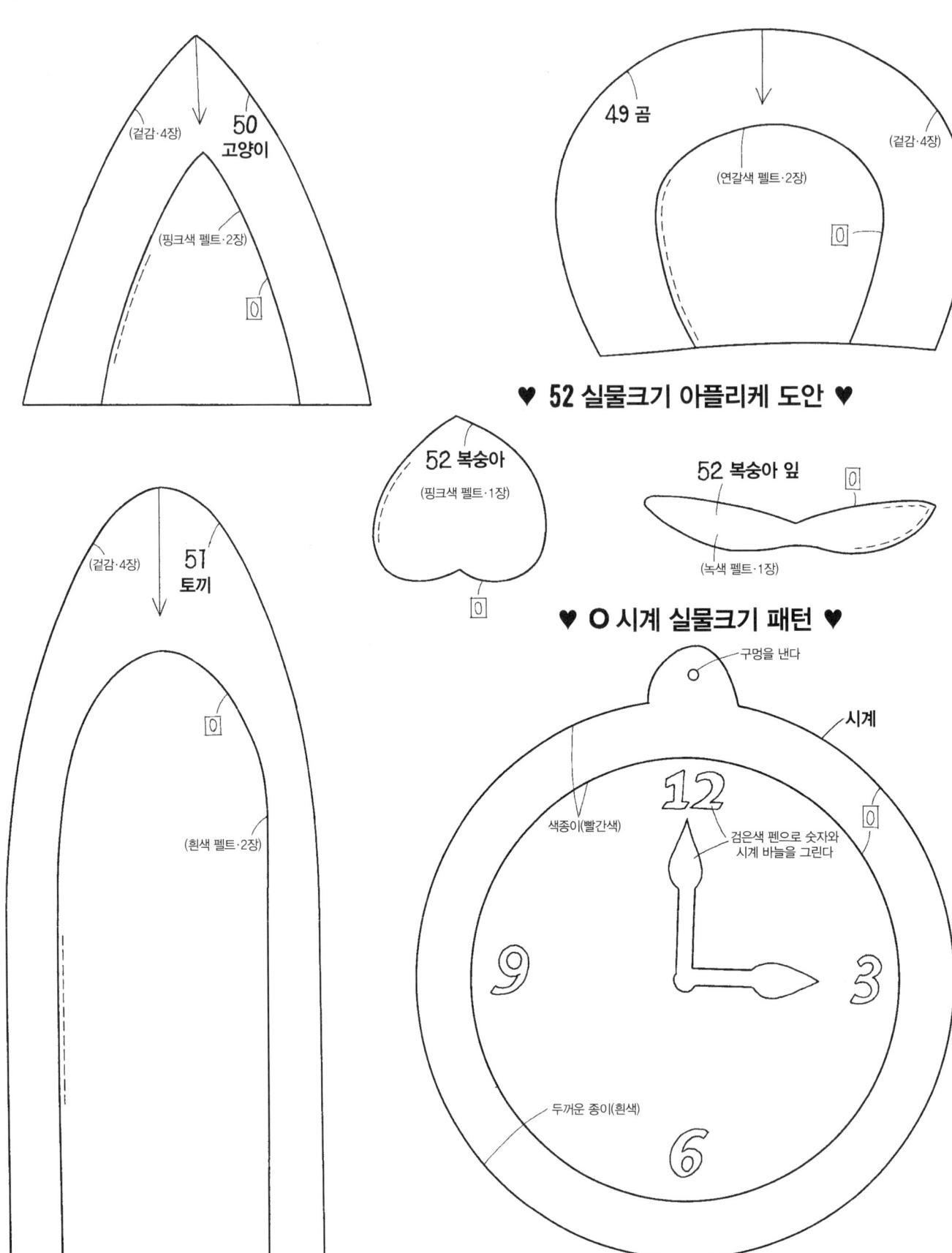

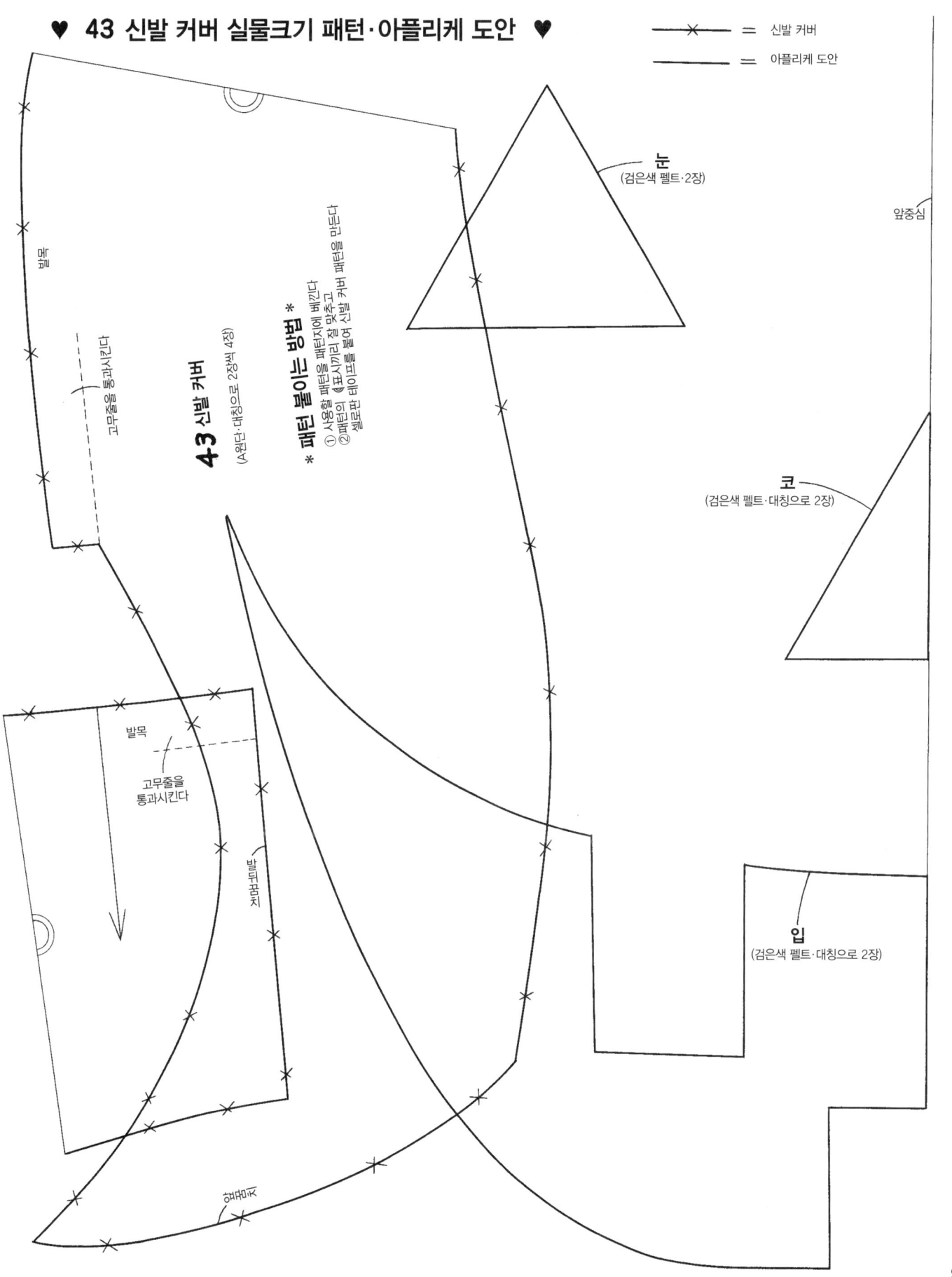

♥ 45 아플리케 도안 · 46 모자 아플리케 도안 ♥

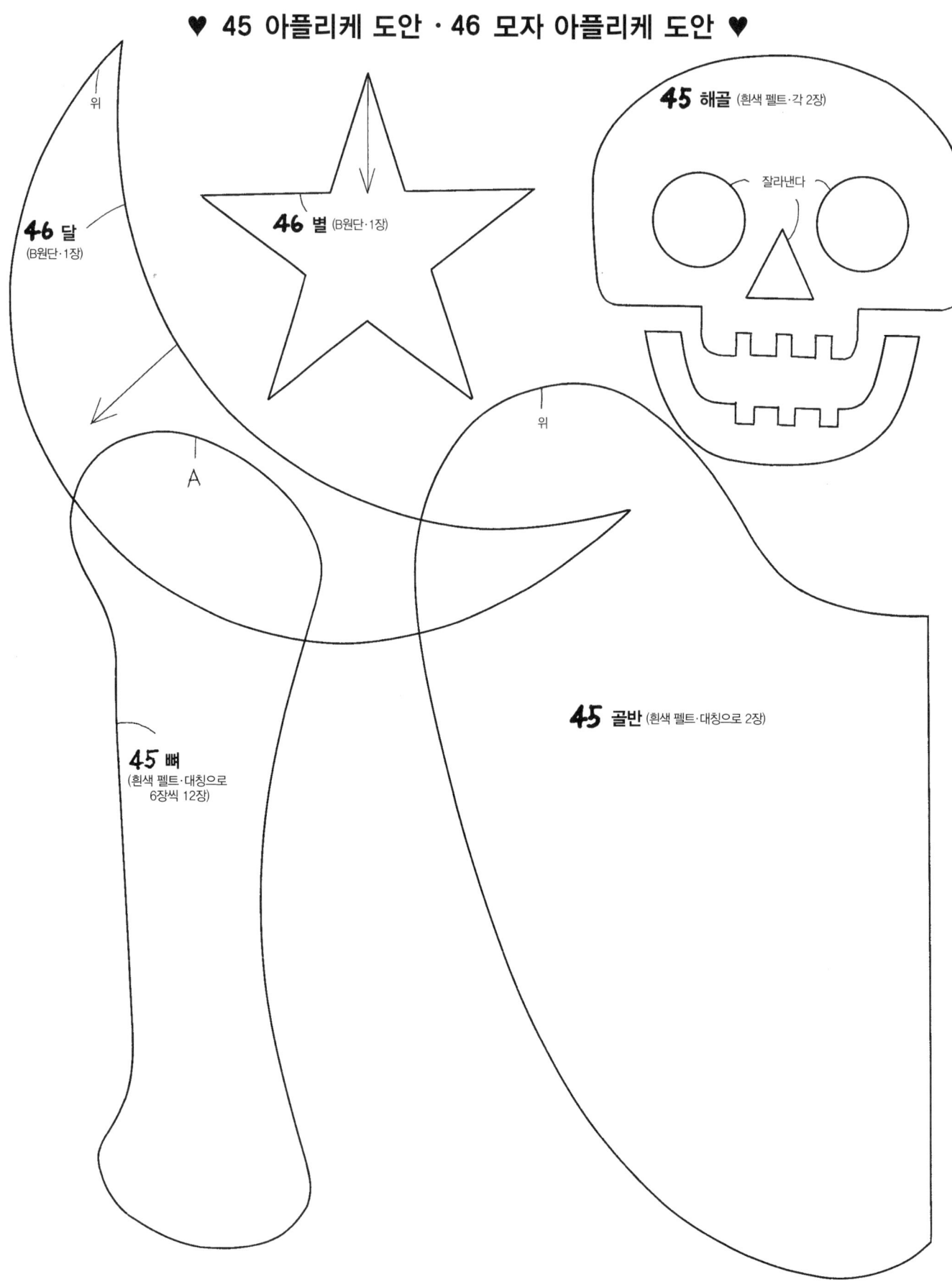

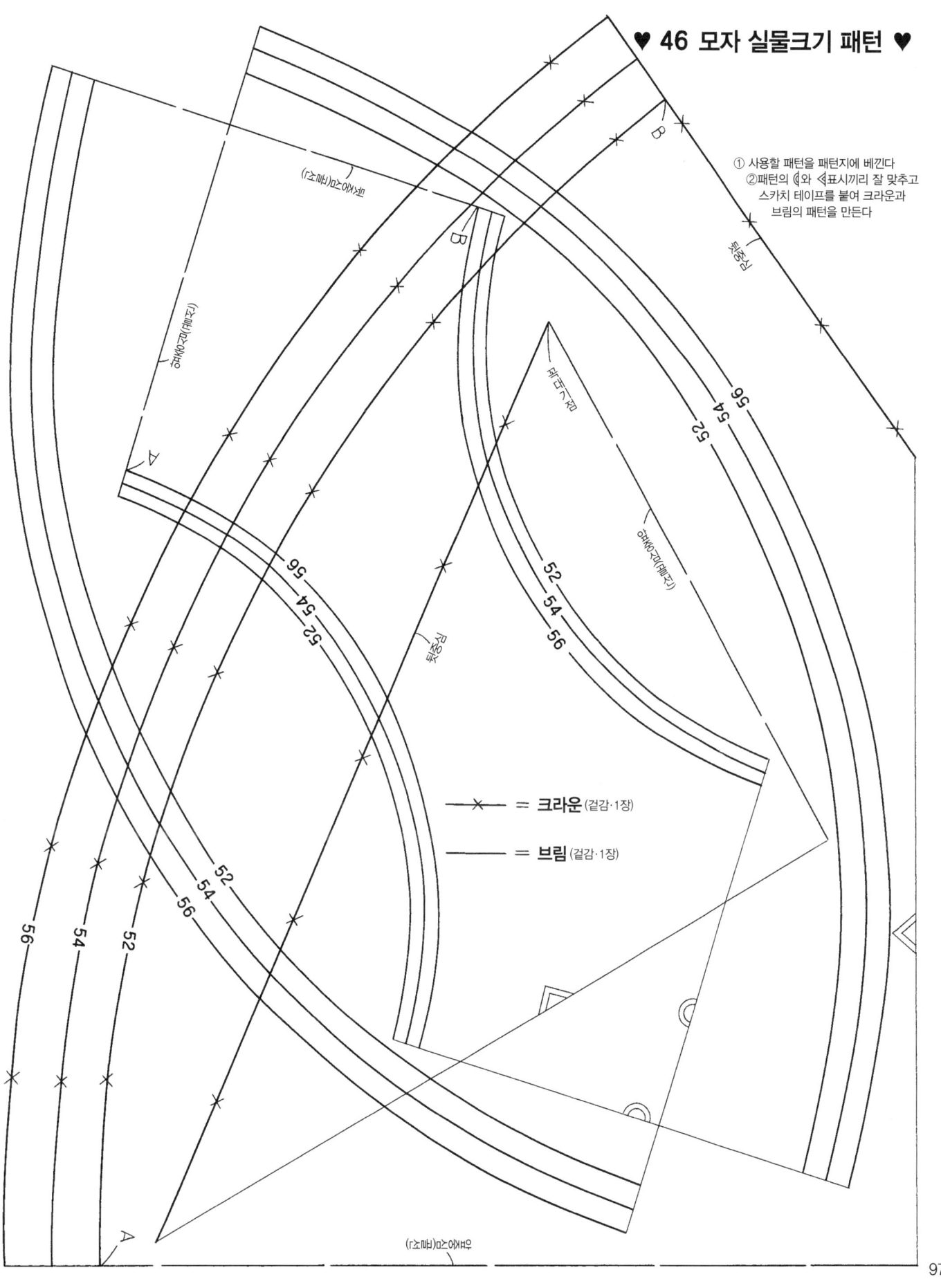

43 호박 (응용)

재 료	100	110	120
A원단 (폴리에스테르 새틴 공단) 오렌지색 122cm폭	150cm	150cm	170cm
B원단 (40수 평직) 녹색 110cm폭	40cm		
펠트 (검은색) 20cm x 20cm	2장		
지퍼	34.5cm	36.5cm	39.5cm
고무줄 1cm폭	100cm	105cm	110cm
패브릭 본드	약간		

✽ 패턴은 B면 12~19를 베껴 아래 그림처럼 수정해서 사용합니다.
✽ 후드 패턴은 사용하지 않습니다.
✽ 아플리케 도안은 95페이지에 있습니다.

하드세틴 공단/ 심플 단색면

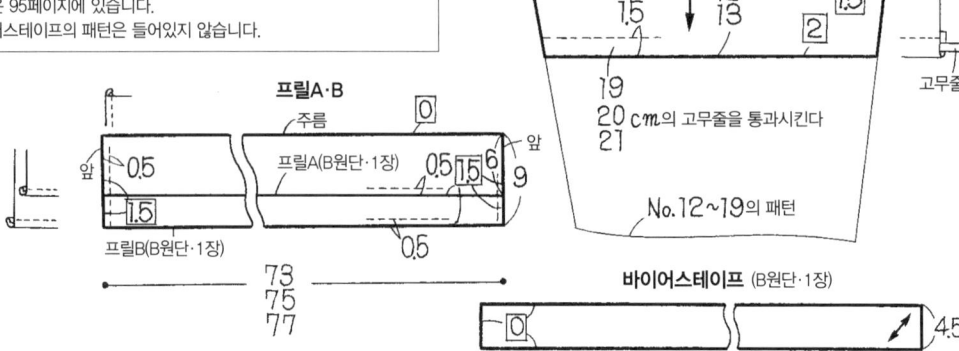

43 제작방법

● 자세한 제작방법은 59페이지 12~19를 참고해 주세요.

1 뒷중심선을 봉합한다.
2 앞중심선을 봉합한다.
3 지퍼를 단다.
4 옆선을 봉합한다.
5 밑아래를 봉합한다.

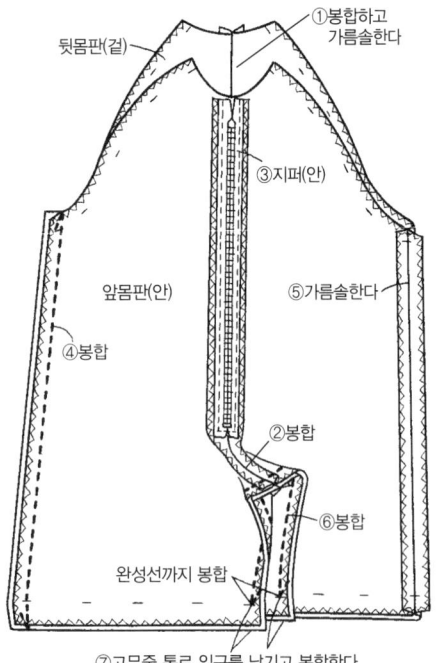

★ 제도의 □안의 숫자는 시접 양입니다. 적혀있지 않은 곳은 모두 1cm의 시접을 주어 재단합니다.

6 소매를 만든다.
7 소매를 단다.
8 프릴 A·B를 만든다.

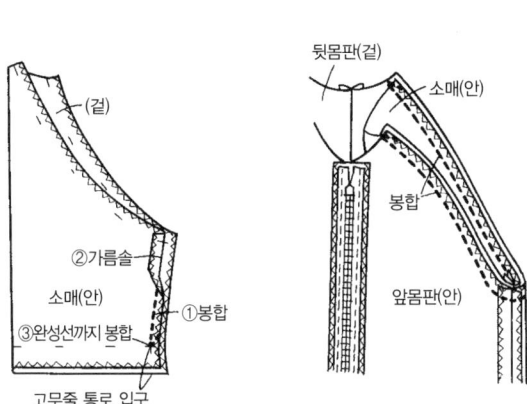
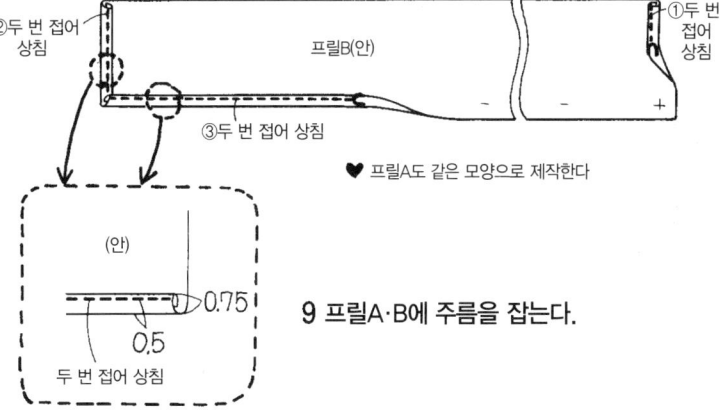

9 프릴 A·B에 주름을 잡는다.

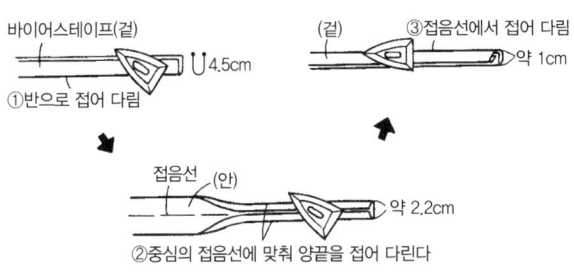

10 바이어스테이프를 만든다.

12 소맷부리와 팬츠 밑단에 고무줄을 통과시킨다.

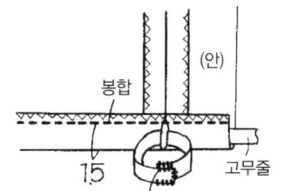

43 봉합순서
1. 뒷중심선을 봉합한다.
2. 앞중심선을 봉합한다.
3. 지퍼를 단다.
4. 옆선을 봉합한다.
5. 밑아래를 봉합한다.
6. 소매를 만든다.
7. 소매를 단다.
8. 프릴 A·B를 만든다.
9. 프릴 A·B에 주름을 잡는다.
10. 바이어스테이프를 만든다.
11. 프릴 A·B를 바이어스테이프로 감싼다.
12. 소맷부리와 팬츠 밑단에 고무줄을 통과시킨다.
13. 아플리케 장식을 패브릭 본드로 붙인다.

11 프릴 A·B를 바이어스테이프로 감싼다.

13 아플리케 장식을 패브릭 본드로 붙인다.

43 완성

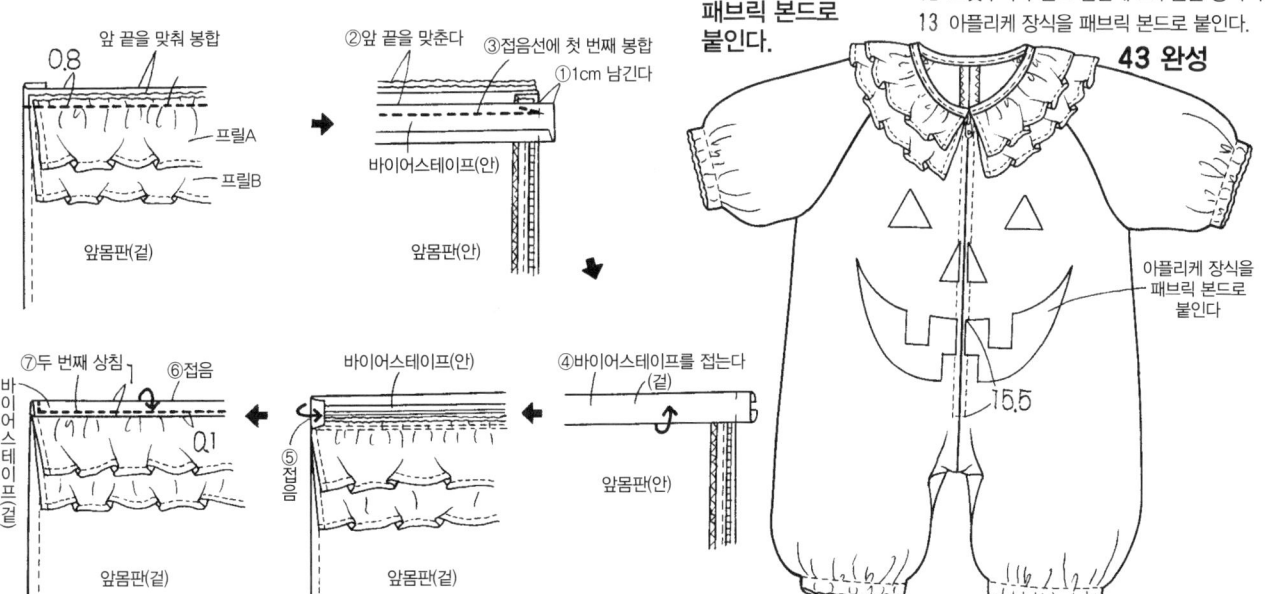

44 박쥐 (응용)

재료	100	110	120
겉감 (폴리에스테르 새틴 공단) 검은색 122cm폭	240cm	250cm	280cm
접착심 90cm폭	15cm		
새틴 공단 테이프 2.4cm폭	80cm		
장식용 테이프 0.9cm폭	130cm	140cm	160cm
고무줄 1cm폭	100cm	105cm	110cm

* 망토 패턴은 A면 38을 베껴 아래 그림처럼 수정해서 사용합니다.
* 팬츠 패턴은 A면 11을 베껴 사용합니다.
* 망토 칼라의 패턴은 들어있지 않습니다.
* 접착심은 망토 안단에 붙입니다.

44 망토 제도

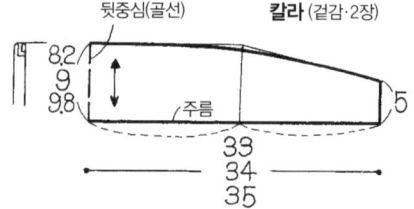

상 = 100cm
중 = 110cm
하 = 120cm

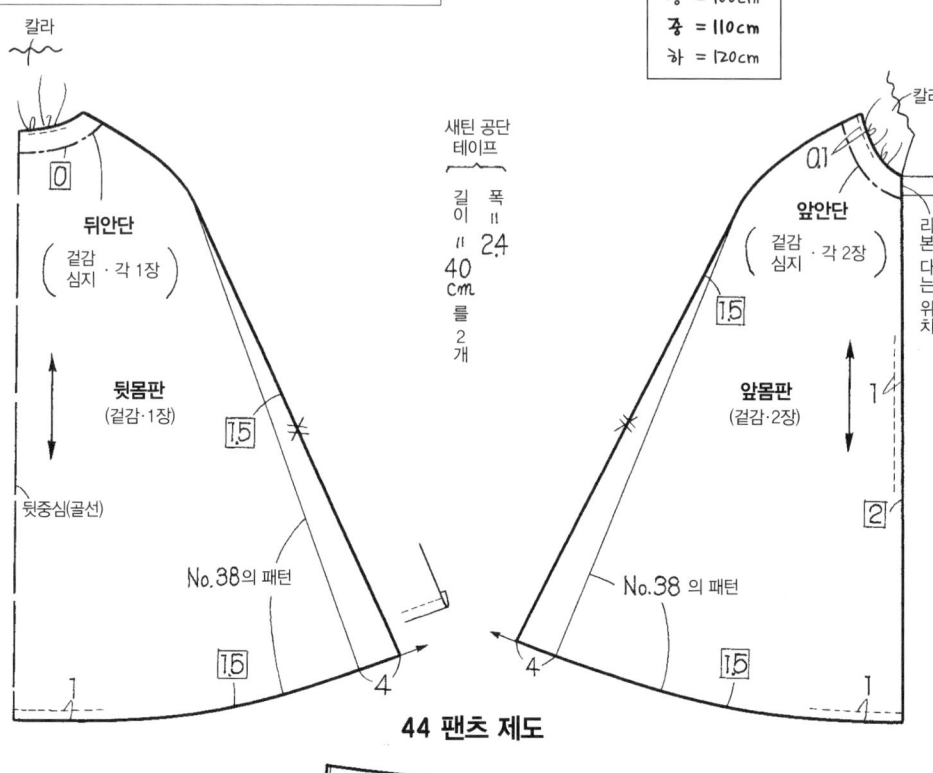

44 팬츠 제도

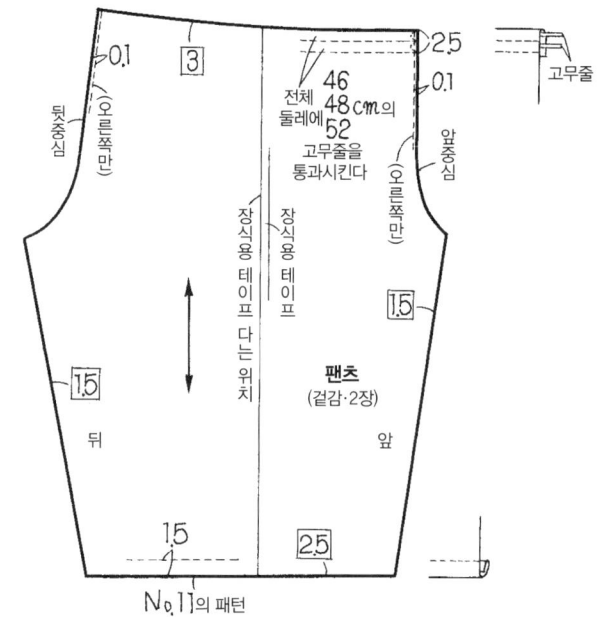

★ 제도의 □안의 숫자는 시접 양입니다. 적혀있지 않은 곳은 모두 1cm의 시접을 주어 재단합니다.

44 망토 제작방법

● 망토의 자세한 제작방법은 53페이지 38을 참고해 주세요.

2 칼라를 만든다.

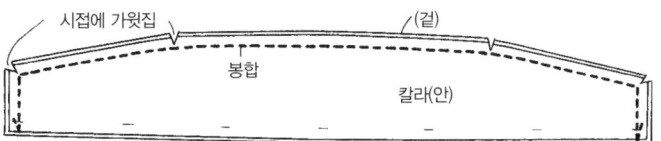

3 안단의 어깨선을 봉합한다.

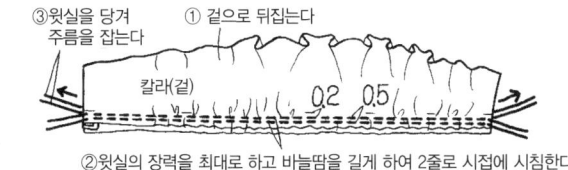

4 칼라와 리본을 단다.

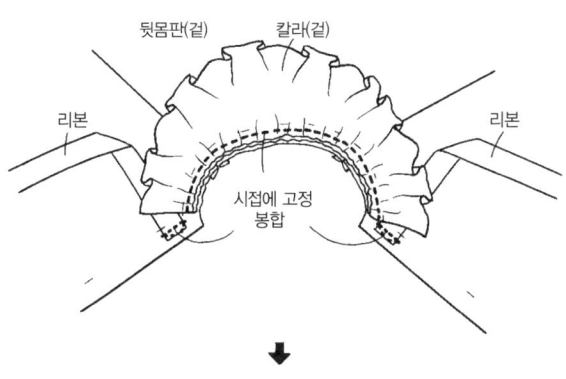

44 망토 완성

44 망토 봉합순서
1. 어깨선을 봉합한다.
2. 칼라를 만든다.
3. 안단의 어깨선을 봉합한다.
4. 칼라와 리본을 단다.
5. 밑단선을 봉합한다.
6. 앞단을 봉합한다.

44 팬츠 완성

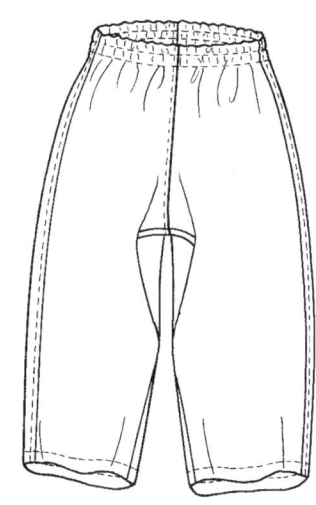

● 팬츠 제작방법은 56페이지 11과 동일합니다.

44 팬츠 봉합순서
1. 옆선에 장식용 테이프를 단다.
2. 밑아래를 봉합한다.
3. 밑위를 봉합한다.
4. 밑단선을 봉합한다.
5. 허리둘레를 봉합하고, 고무줄을 통과시킨다.

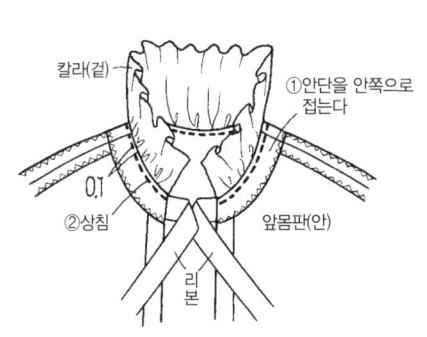

45 해골 (응용)

재 료	100	110	120
겉감 (폴리에스테르 새틴 공단) 검은색 122cm폭	210cm	220cm	240cm
펠트 (흰색) 20cm x 20cm		6장	
지퍼	34.5cm	36.5cm	39.5cm
고무줄 1cm폭	85cm	90cm	100cm
패브릭 본드		약간	

* 패턴은 B면 12~19를 베껴 사용합니다.
* 아플리케 도안은 96페이지에 있습니다.

하드세틴 공단

45 의 제도

상	100cm
중	110cm
하	120cm

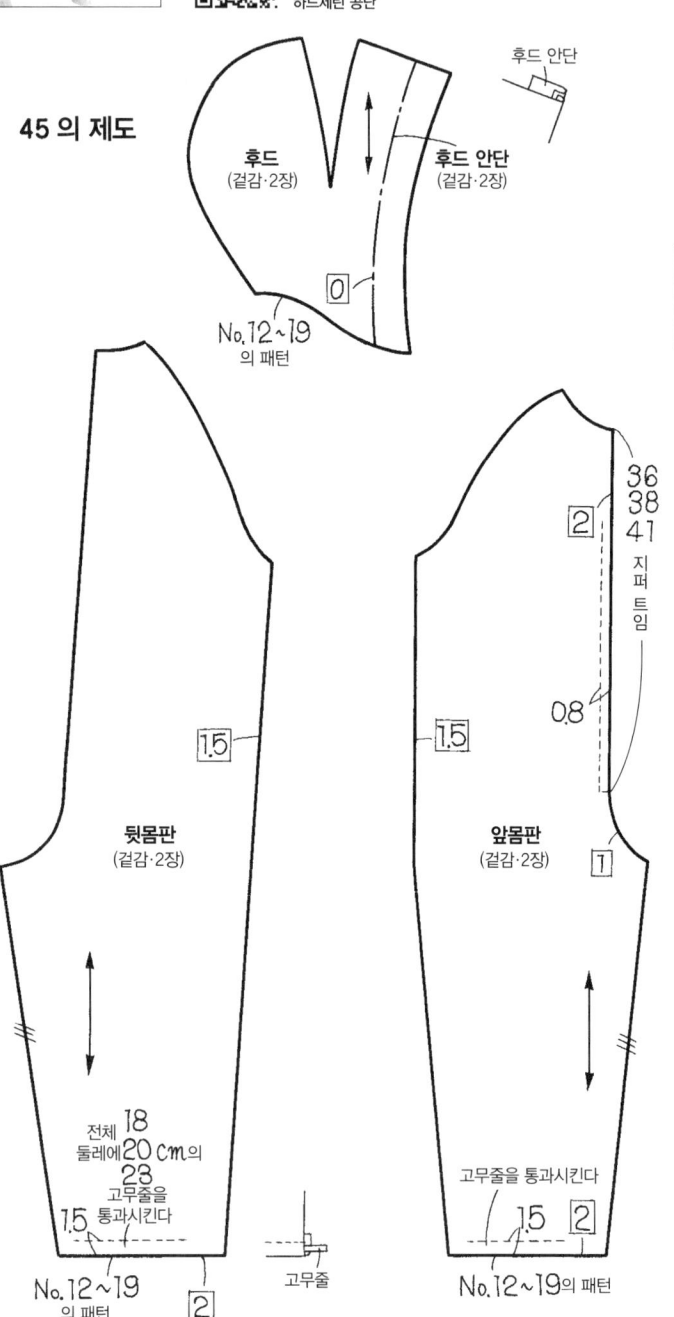

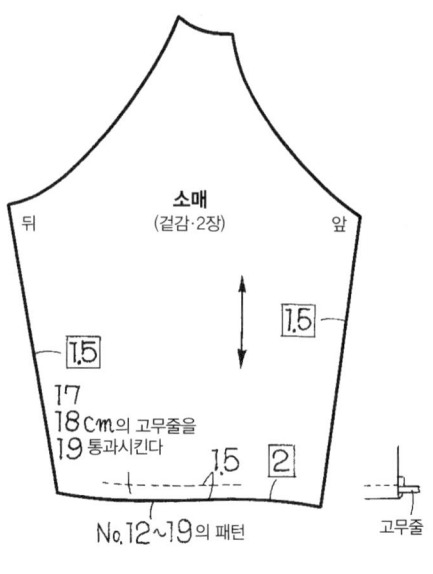

45 봉합순서
1. 뒷중심선을 봉합한다.
2. 앞중심선을 봉합한다.
3. 지퍼를 단다.
4. 옆선을 봉합한다.
5. 밑아래를 봉합한다.
6. 소매를 만든다.
7. 소매를 단다.
8. 후드를 만든다.
9. 후드를 단다.
10. 소맷부리와 팬츠 밑단에 고무줄을 통과시킨다.
11. 아플리케를 패브릭 본드로 붙인다.

★ 제도의 □안의 숫자는 시접 양입니다. 적혀있지 않은 곳은 모두 1cm의 시접을 주어 재단합니다.

45 제작방법

● 자세한 제작방법은 59페이지 12~19를 참고해 주세요.

8 후드를 만든다.

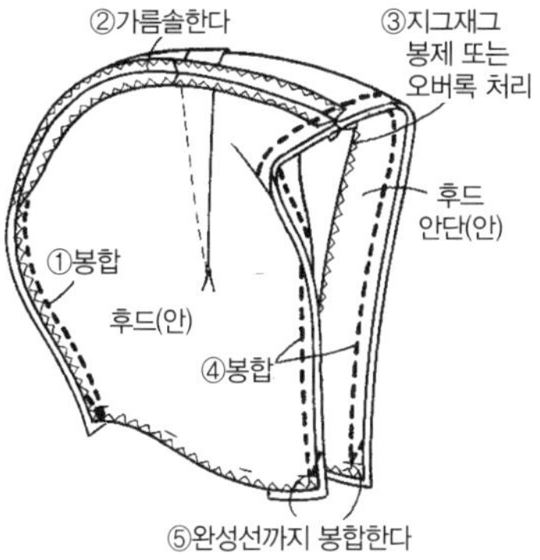

9 후드를 단다.

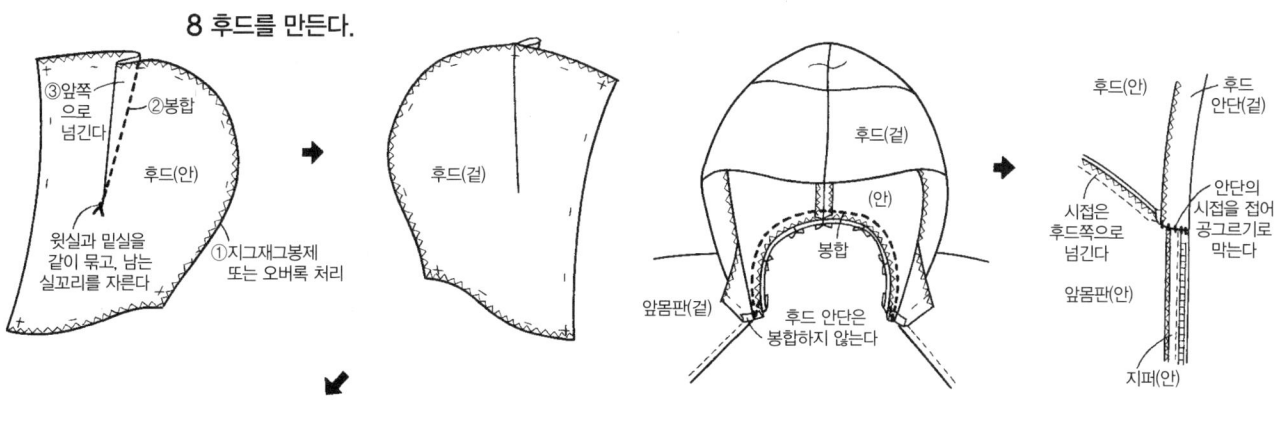

45 완성

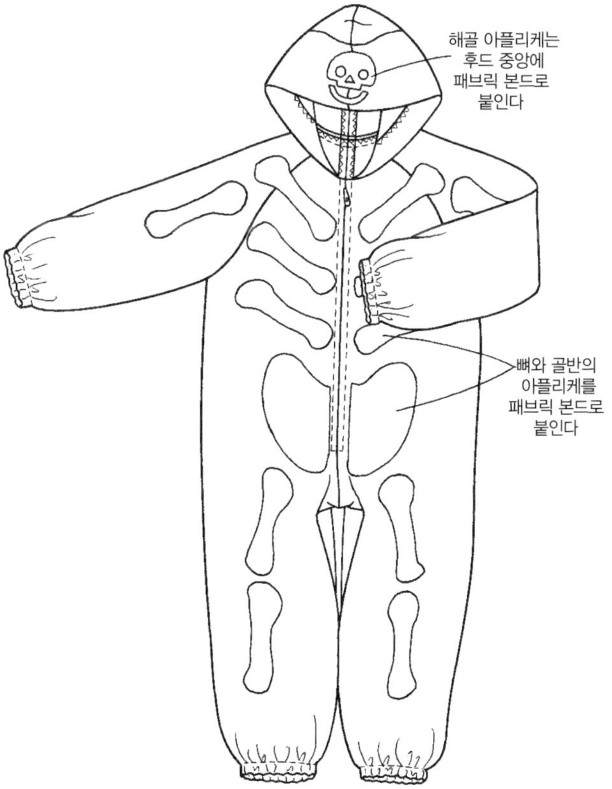

* 아플리케 위치 *

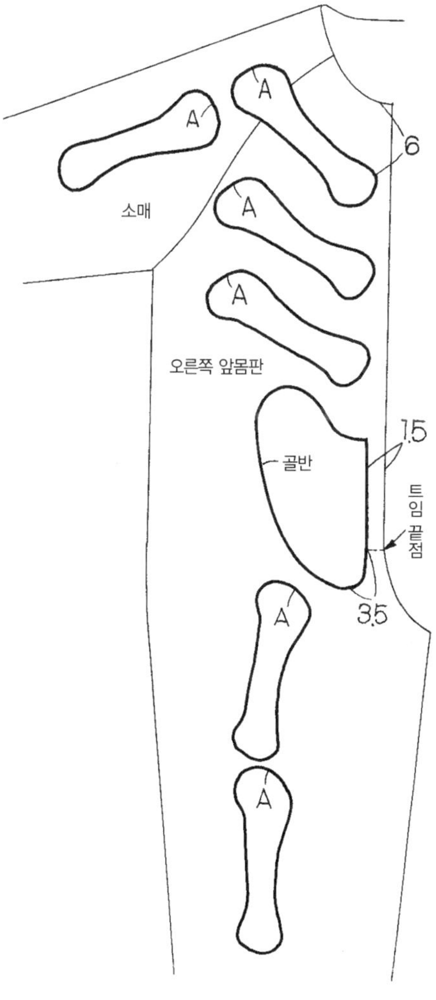

46 할로윈 마녀 (응용)

재 료	100	110	120
A원단 (폴리에스테르 새틴 공단) 검은색 122cm폭	70cm	70cm	80cm
B원단 (폴리에스테르 새틴 공단) 오렌지색 122cm폭	250cm	260cm	290cm
C원단 (망사 레이스) 검은색 112cm폭	160cm	160cm	170cm
접착심 90cm폭	35cm	35cm	40cm
벨크로 2.5cm폭	6cm		
브로치핀	1개		

* 몸판·스커트 패턴은 A면 5를, 소매는 B면 2를, 허리 장식천은 A면 1을 베껴 아래 그림처럼 수정해서 사용합니다.
* 리본A·B·C·소맷부리 프릴의 패턴은 들어있지 않습니다.
* 접착심은 안단에 붙입니다.
* C원단은 단면 단샤링 자수레이스입니다. 소맷부리 프릴은 단샤링 자수레이스를 이용해서 푸서(가로)방향으로 재단합니다.

하드세틴 공단/ 러블리 라셀레이스

46 의 제도

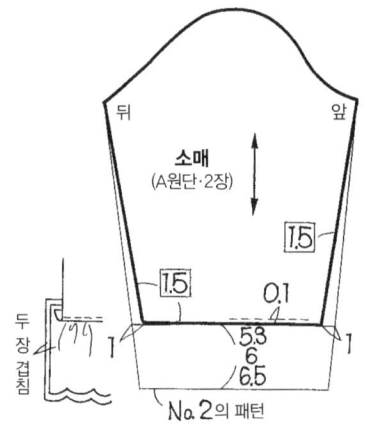

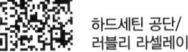

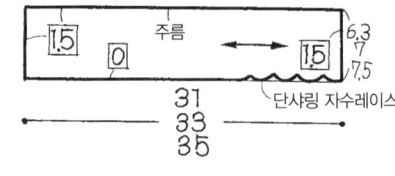

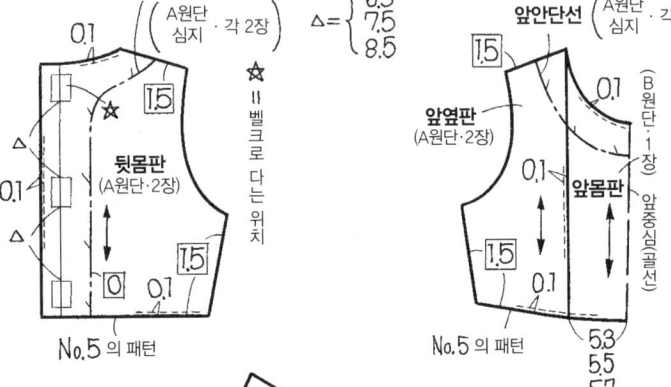

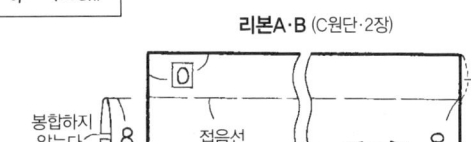

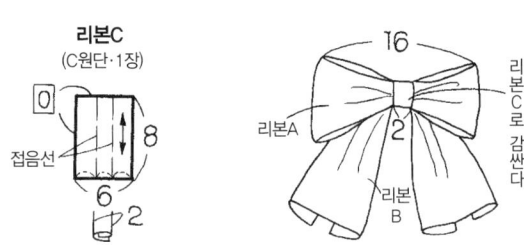

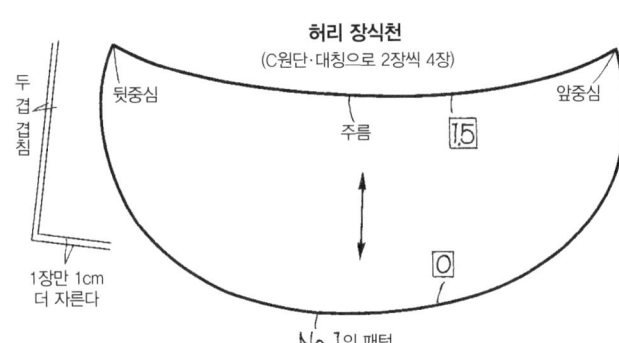

★ 제도의 □안의 숫자는 시접 양입니다. 적혀있지 않은 곳은 모두 1cm의 시접을 주어 재단합니다.

46 제작방법
● 자세한 제작방법은 59페이지 12~19를 참고해 주세요.

46 봉합순서
1. 앞몸판과 앞옆판을 봉합한다.
2. 어깨선을 봉합한다.
3. 안단의 어깨선을 봉합한다.
4. 안단을 단다.
5. 옆선을 봉합한다.
6. 벨크로를 단다.
7. 소매를 만든다.
8. 소맷부리 프릴을 만들어 단다.
9. 소매를 단다.
10. 스커트 옆선과 뒷중심선을 봉합한다.
11. 트임 부분을 봉합한다.
12. 밑단선을 봉합한다.
13. 주름을 잡는다.
14. 허리 장식천을 만들어 스커트에 단다.
15. 몸판과 스커트를 봉합한다.
16. 리본을 만들어 단다.

1 앞몸판과 앞옆판을 봉합한다.

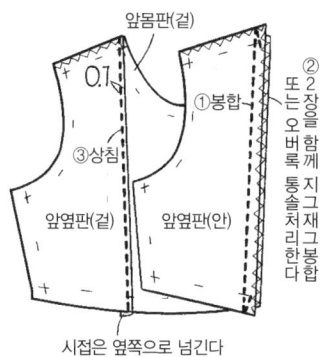

2 어깨선을 봉합한다.

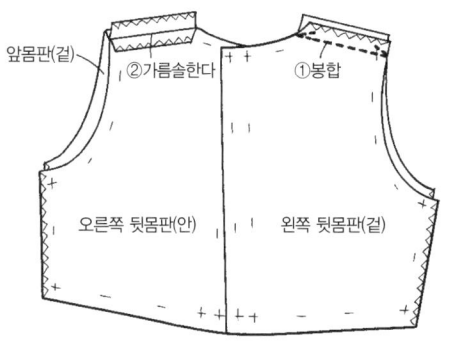

3 안단의 어깨선을 봉합한다.

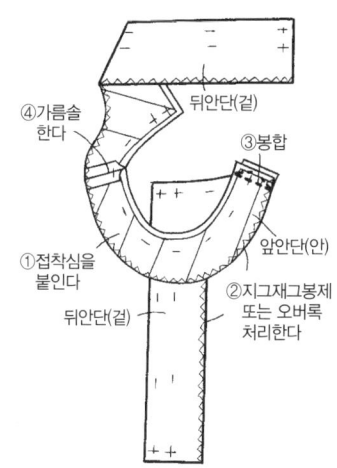

4 안단을 단다.

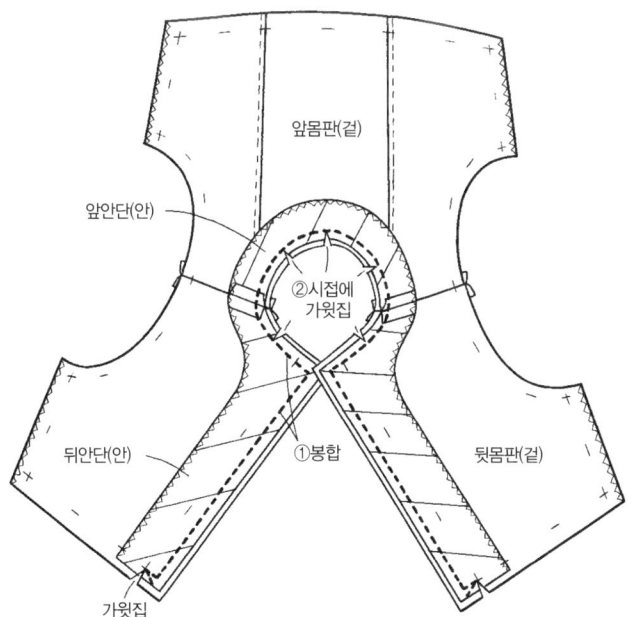

5 옆선을 봉합한다.
6 벨크로를 단다.

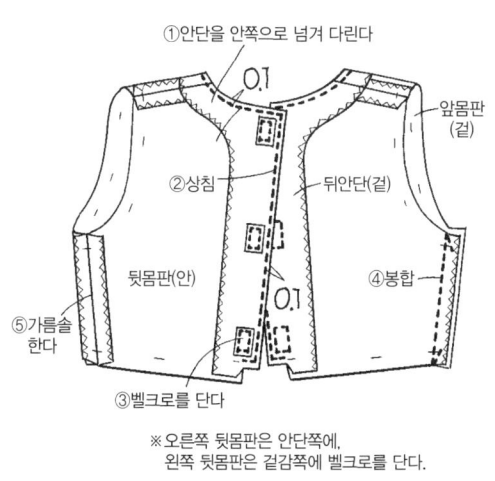

※ 오른쪽 뒷몸판은 안단쪽에, 왼쪽 뒷몸판은 겉감쪽에 벨크로를 단다.

7 소매를 만든다.　　**8** 소맷부리 프릴을 만들어 단다.　　　　　　　　　　**9** 소매를 단다.

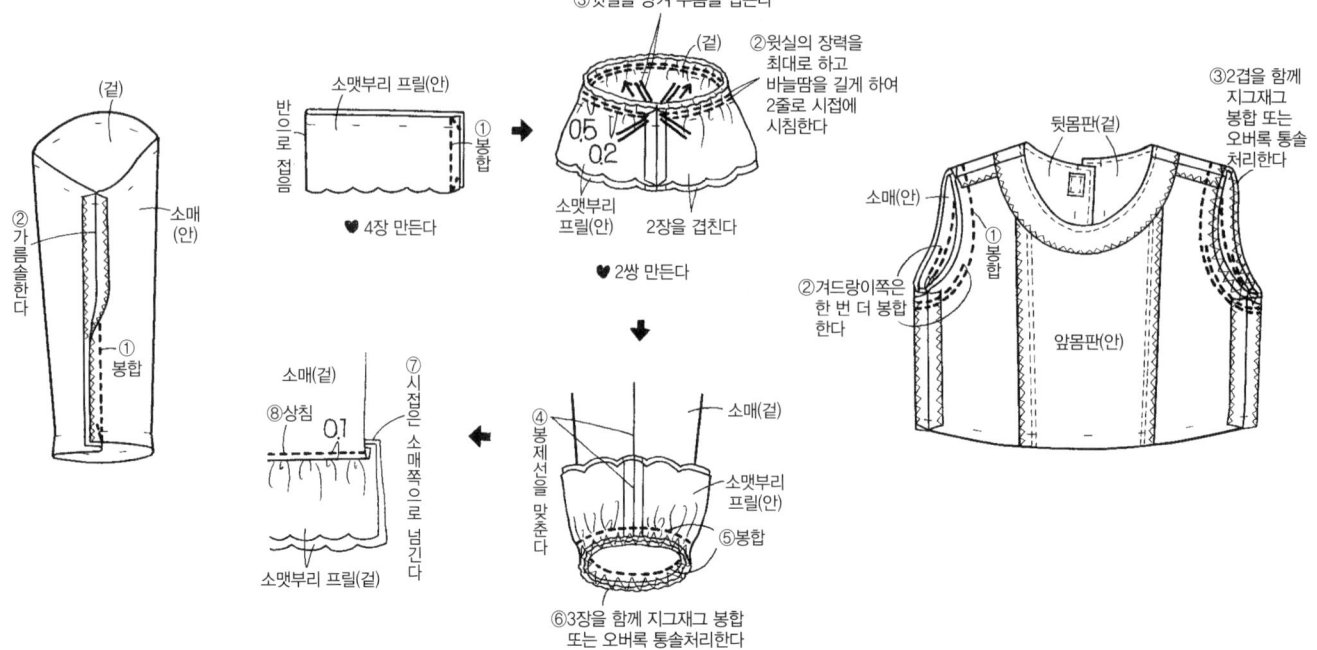

10 스커트 옆선과 뒷중심선을 봉합한다.
11 트임 부분을 봉합한다.
12 밑단선을 봉합한다.
13 주름을 잡는다.

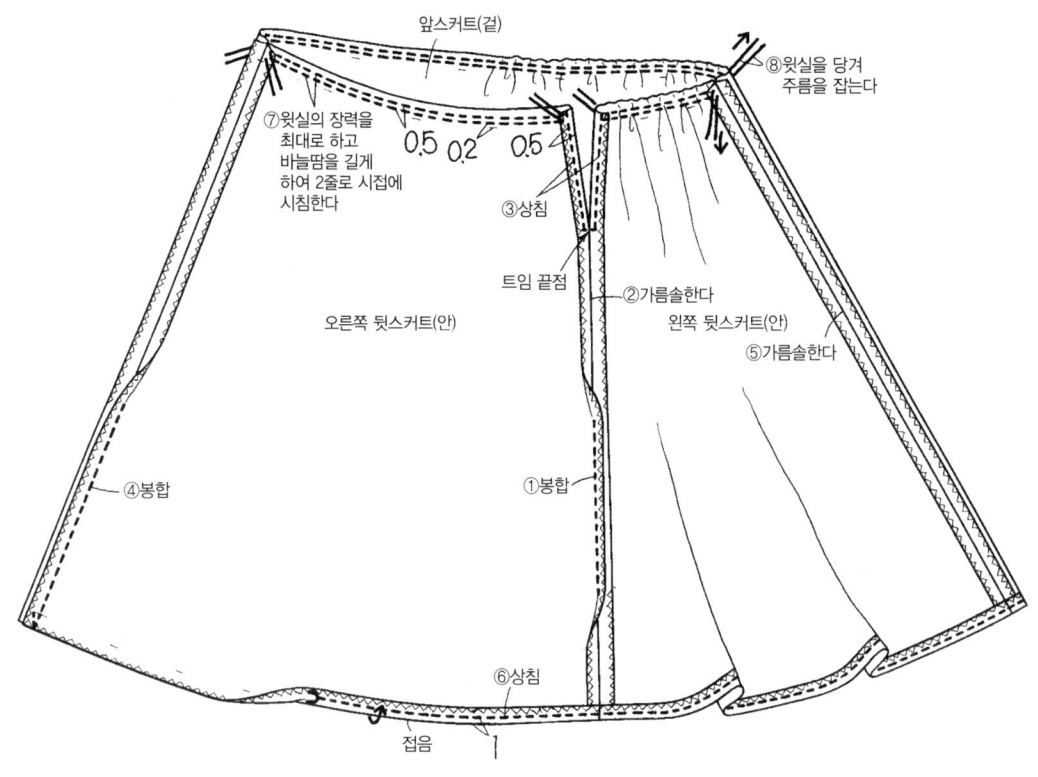

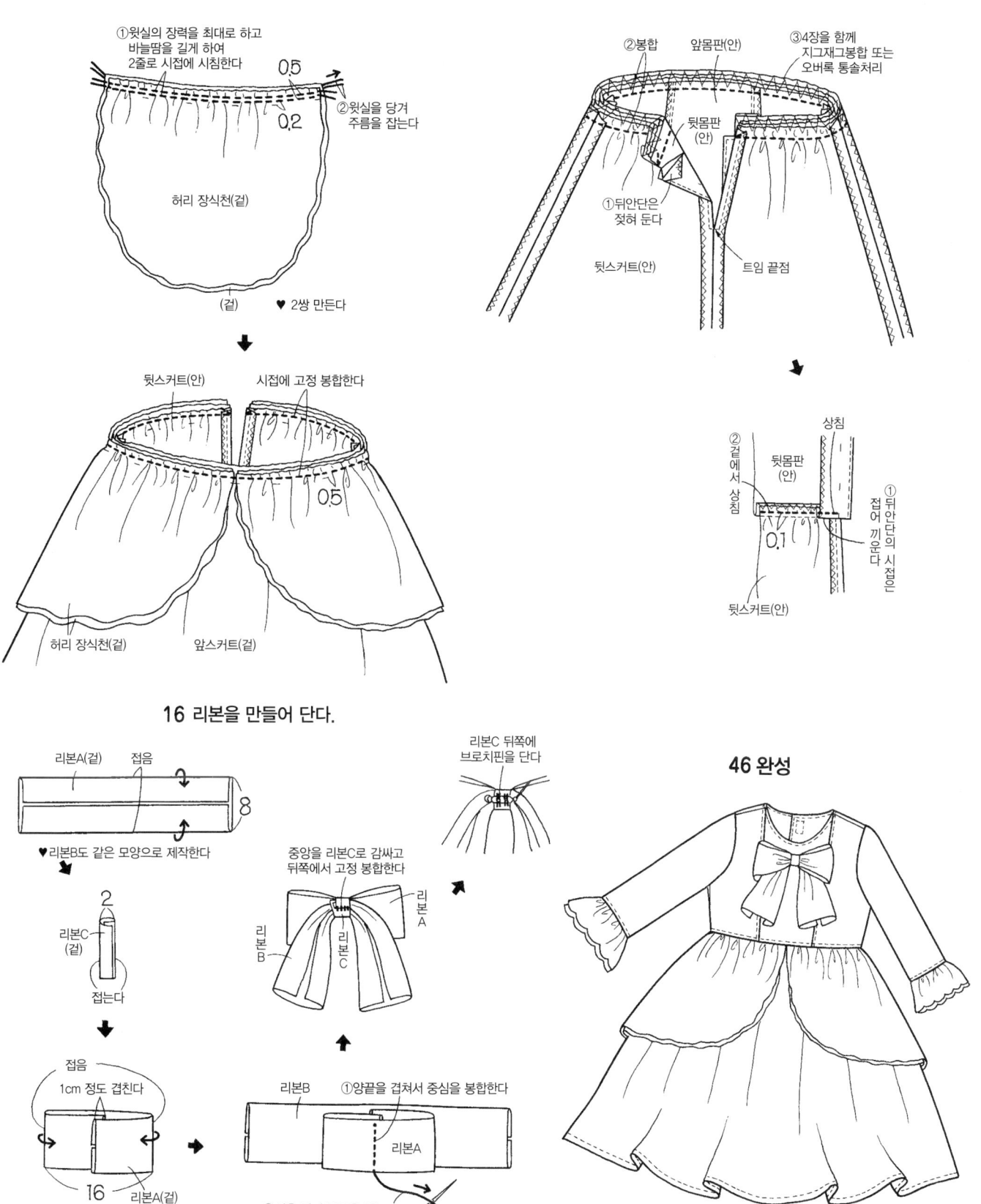

치수 재는 방법

자연스럽게 선 자세로 줄자를 이용하여 가슴둘레, 허리둘레, 엉덩이둘레, 등길이 등을 정확히 측정한다

- 100사이즈 (95~105cm) → 3~4살
- 110사이즈 (105~115cm) → 5~6살
- 120사이즈 (115~125cm) → 7~8살

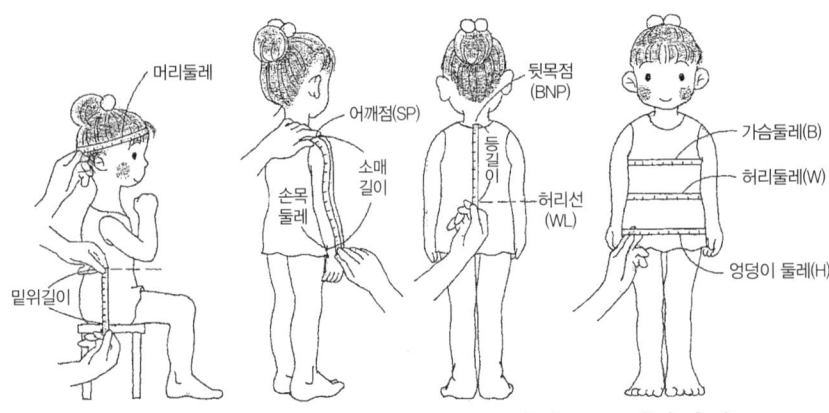

페티코트 제작방법

♥ 컬러 페이지의 공주들은 페티코트를 착용하고 있습니다.

페티코트(petticoat)

재료	100	110	120
겉감 (새틴 공단) 흰색 92cm폭	80cm	90cm	90cm
배색천 (나일론 망사) 흰색 115cm폭	1m30cm	1m40cm	1m50cm
고무줄 1cm폭	50cm	55cm	55cm

* 실물크기 패턴은 들어있지 않습니다.

페티코트 제작방법

1. 스커트 옆선과 밑선을 봉합한다.

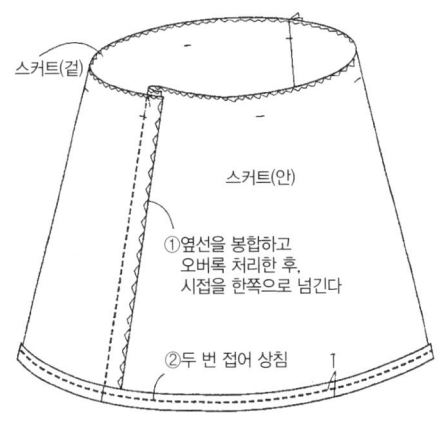

2. 프릴 A·B를 만든다.

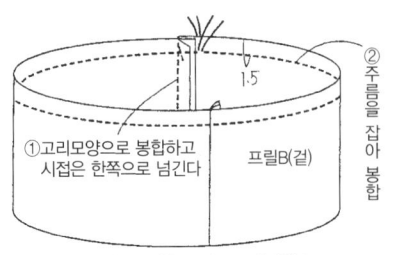

♥ 프릴A도 같은 모양으로 제작한다

3. 프릴A·B를 단다.

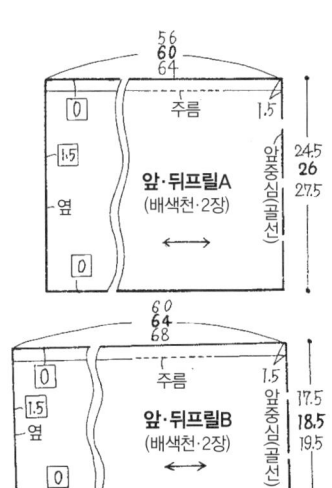

4. 허리둘레를 봉합하고, 고무줄을 통과시킨다.

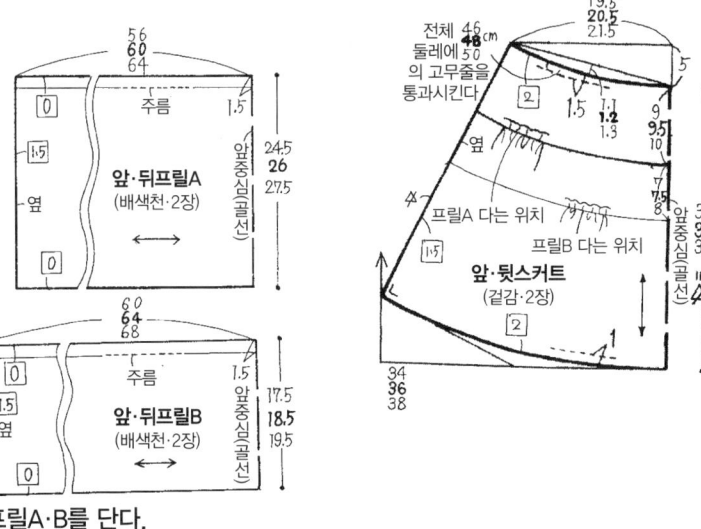

제도

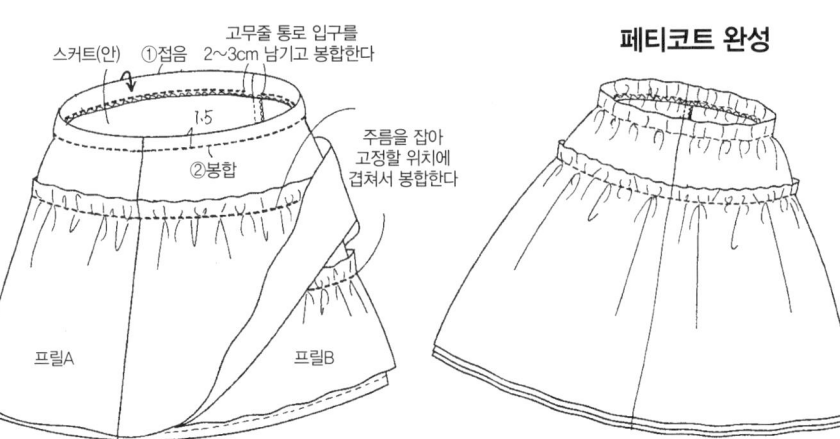

페티코트 완성

★ 제도의 □안의 숫자는 시접 양입니다. 적혀있지 않은 곳은 모두 1cm의 시접을 주어 재단합니다.

실물크기 패턴의 사용방법과 참고 치수표

만들고자 하는 작품이 결정되면

◆ 제작방법 페이지를 보면, 사용된 해당 패턴의 번호가 기재되어 있습니다.
◆ 실물크기 패턴을 펴서 큰 책상 또는 바닥에 펼칩니다.
◆ 만들고자 하는 작품의 패턴번호가 어떤 색의 어떤 선으로 표시되고, 모두 몇 개의 패턴으로 나눠져 있는지를 확인합니다.
※ 여러 개의 패턴이 겹쳐져 있으므로 사용할 패턴 번호의 선을 형광펜으로 따라 그려서 먼저 표시합니다.

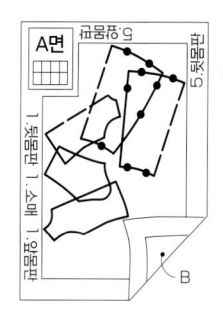

1번 패턴은 파랑색의 ― 선이에요. 1번 패턴은 총 3개입니다.

패턴을 베껴 그리는 방법

◆ 패턴은 일반적으로 다른 패턴지를 이용하여 베껴서 사용합니다. 아래의 2가지 방법을 참고하세요.
◆ 응용작품의 경우 먼저 해당 패턴을 베낀 후, 제작방법 페이지에 기재된 방법대로 베낀 패턴을 수정하여 사용합니다.

불투명한 종이를 사용하는 방법
패턴과 패턴지 사이에 초크페이퍼를 끼워서 룰렛으로 패턴선을 따라 그립니다.

투명한 종이를 사용하는 방법
패턴 위에 패턴지를 대고 연필로 베껴냅니다.

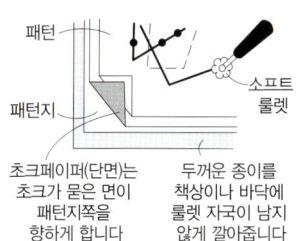

패턴을 베껴낼 때 주의사항

◆ 패턴과 패턴지를 '문진'이나 '시침핀' 등으로 움직이지 않도록 고정합니다.

◆ '맞춤점', '단추위치', '봉합 끝점', '식서방향', '안내선' 등도 빠지지 않게 베끼고, 각 패턴 조각의 명칭도 베낀 패턴에 기록합니다.

◆ 응용작품을 만들 때, 원래의 패턴과 응용작품용으로 수정된 패턴을 함께 사용하는 경우, 서로 연결되는 부분의 치수가 맞는지 확인하세요.

시접이 포함된 패턴 만들기

◆ 제작방법의 재단방법을 참고하여 베껴낸 패턴에 시접선을 그려줍니다. 시접선은 완성선에 평행하게 그립니다.

◆ 몸판의 밑단이나 소매의 끝단은 시접을 접은 상태로 옆선을 자릅니다.

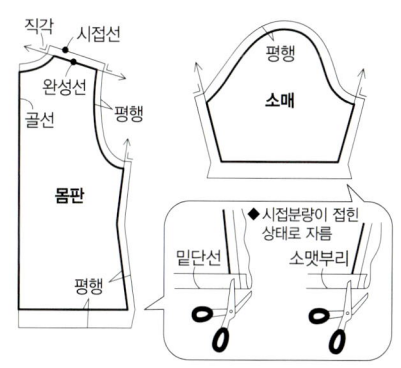

참고 치수표

(단위 cm)

명칭 \ 사이즈	100	110	120
가슴둘레	54	58	64
허리둘레	51	53	57
엉덩이둘레	57	61	69
손목둘레	11	11	12
등길이	25	27	30
소매길이	32	37	41
밑위길이	20	21	22
밑아래길이	38	44	53
신장	95~105	105~115	115~125

엄마가 만드는 특별한 아이옷
동화 속 키즈 의상

초판 1쇄 인쇄 2012년 07월 12일
초판 1쇄 발행 2012년 07월 19일

발 행 인 신현호 정용효
기획/제작 임태훈 정미정 국효은
번　　역 손수현
편　　집 서승미 남궁진 추수연
인　　쇄 자윤프린팅

등록번호 제362-2009-7호
등록일자 2009년 5월 26일
발 행 처 (주)코하스 소잉스토리
　　　　　광주광역시 북구 무등로 120 해은회관 7층
대표전화 070_4014_3299
팩　　스 062_515_8958
홈페이지 www.sewingstory.com

ISBN 978-89-94710-36-5 13590

판매가 13,500원

※ 잘못 인쇄된 책은 구입처에서 교환해 드립니다.
※ 소잉스토리는 소잉D.I.Y 취미실용서와 잡지를 출간합니다.

Lady Boutique Series No.3084 Kaiteiban Kawaii
Oyuugikai no Fuku Copyright © BOUTIQUE - SHA
2010 Printed in Japan All rights reserved.
Original Japanese edition published in Japan by
BOUTIQUE - SHA.
Korean translation rights arranged with
BOUTIQUE - SHA through DAIJO CRAFT CORP.

이 책의 한국어판 저작권은 BOUTIQUE - SHA Co., Ltd와의
독점 계약으로 (주)코하스에 있습니다. 신저작권법에 의해 한국 내에서
보호를 받는 저작물이므로 무단전재와 무단복제를 금합니다.

★ Staff ★

촬영　　　／古川秀雄
헤어·메이크업／餅田ノリコ
패턴·그레이딩／長谷川綾子
트레이스　　／辰巳工房、照屋紀恵
컬러 일러스트／坂井きよみ　榊原良一
레이아웃　　／右高晴美　橋本祐子
편집담당　　／北脇美秋、村上典子

이 도서의 국립중앙도서관 출판시도서목록(CIP)은
e-CIP홈페이지(http://www.nl.go.kr/ecip)와
국가자료공동목록시스템(http://www.nl.go.kr/kolisnet)에서
이용하실 수 있습니다.
(CIP제어번호: CIP2012003096)

Sewing으로 표현하는 행복하고 아름다운 삶!

HAPPYBEARS

해피베어스 컷팅매트
원단전용 재단칼과 함께 사용하세요
재단을 부드럽고 안전하게 도와주며
재단판의 눈금은 재단시에 치수 확인이
편리합니다.
사이즈:60×45cm / 90×62cm (양면)
가격:22,000원   45,000원
상품코드:01-100 / 01-101

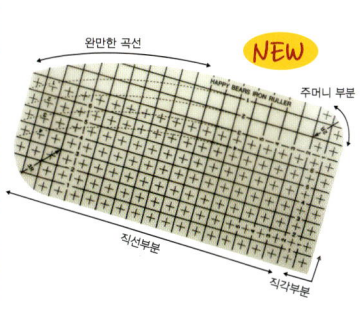

아이론 시접자
직선, 곡선, 각진부분, 주머니부분, 모서리부분,
다양한 시접부분을 정확한 치수체크와 함께
손쉽게 다리미로 한번에 만들 수 있습니다.
이제 쉽고 빠르게 시접처리하세요.
사이즈:20×10cm   가격:9,000원   상품코드:07-100

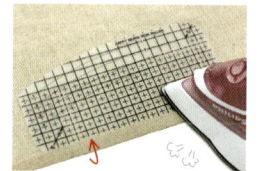

스마트 소잉재단가위
가위의 한쪽 날이 지그재그로 되어있어 일반 원단은
물론 얇고 잘 미끄러지는 원단을 재단 할 때, 원단이
가위에서 잘 빠지지 않도록 원단을 안정적으로 잡아주어
재단하기 편리합니다.
사이즈:240mm / 260mm   가격:16,500원 /19,500원
상품코드:01-915 / 01-916

가정용 미싱바늘
가정용 미싱에 꼭 필요한 미싱전용바늘!
9호,11호,14호,16호,18호 5가지 사이즈로,
원단의 두께 및 재질에 맞게 선택하여 바느질하세요.
1팩:10개   가격:1,600원
상품코드:2-108 / 2-109 / 2-110 / 2-111 / 2-112

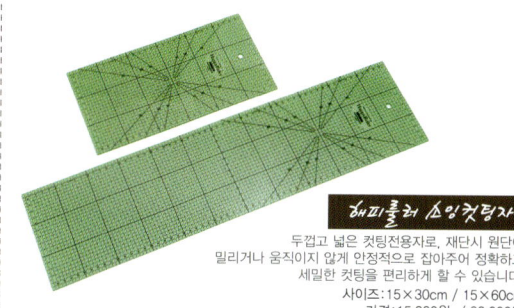

해피룰러 소잉컷팅자
두껍고 넓은 컷팅전용자로, 재단시 원단이
밀리거나 움직이지 않게 안정적으로 잡아주어 정확하고
세밀한 컷팅을 편리하게 할 수 있습니다.
사이즈:15×30cm / 15×60cm
가격:15,000원   22,000원
상품코드:07-120 / 07-121

〈 구성 〉

기구(1개)   몰드4종(각 1개)   단추 4종(각 50쌍)

씨개단추기구 풀세트(기구+몰드4종+단추4종)
다양한 원단으로 세상에 하나뿐인 단추를 만들어보세요.
규격:13mm, 18mm, 25mm, 30mm
가격:148,000원

패브릭 본드(임시고정용)
수용성 재질의 고체 본드풀은 발림성이
좋아 직물에 부드럽게 잘 발라집니다.
직선, 곡선 다양한 부분에 원하는
양만큼 발라 임시고정하여 편리하게
작업하세요.
사이즈:2×8.5cm   용량:9g×3개입
가격:2,400원   상품코드:4-101

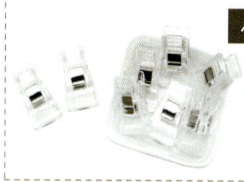

시접고정용 집게세트 (8개)
상처가 오래 남을 수 있는 니트,
다이마루 등의 원단에 또는 두꺼워서
핀이 잘 꽂히지 않는 원단에 편리하게
사용하세요.
1팩:8개   가격:1,600원
상품코드:01-400

패브릭 워셔블매직테이프
봉제전 임시고정용으로 편리한 매직테이프!
적당량을 잘라 사용한 후, 물세탁으로
손쉽게 제거되는 수용성재질입니다.
지퍼, 주머니, 바지밑단, 감침질 시에
임시고정하여 편리하게 작업하세요.
종류:5mm/20m , 8mm/20m
가격:3,500원 / 4,000원   상품코드:4-104 / 4-103

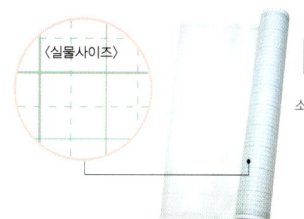

〈실물사이즈〉

오늘 룰 부직포 패턴지
패턴을 그릴때 정확한 치수 및 원단
소요량을 예측할 수 있어 편리합니다.
사이즈:1롤/51cm × 22yd
가격:12,000원
상품코드:01-701

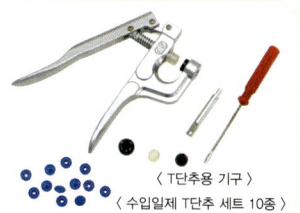

〈 T단추용 기구 〉
〈 수입일제 T단추 세트 10종 〉

해피 T단추용기구 & 수입 일제T단추
가볍고 튼튼하며 작업이 편리한 T단추!
유아의류는 물론 기능성 의류에도 잘 어울립니다.
기구:32,000원   단추:6,000원 / 6,500원 (1팩=20쌍)

본 상품은 패션스타트(http://www.fashionstart.net) / 심플소잉(http://www.simplesewing.co.kr)
사이트에서 구입하실 수 있습니다.

전문가와 함께하는 대한민국 대표 패션 DIY 쇼핑몰
패션스타트!

나의 작품으로 키워가는 소중한 내 가족의 사랑과 행복!
[고객 행복파트너]를 지향하는 패션스타트가 고객님의 곁에서 언제나 함께합니다.

패션스타트는 원단, 부재료, 패턴, 서적, 그리고 미싱(재봉틀) 등 10,000여종의 다양한 퀄리티 높은 상품과
수준 높은 서비스로 소잉을 처음 시작하는 초보자부터 고급 수준의 고객님까지 DIY를 사랑하는 모든 분들과 함께합니다.

Fashion Sewing

패션 소잉 강사가 되고 싶다면?

비용 부담으로 공방이나 대리점을 포기하거나 망설였던 분.
원단, 부재료, 교육자료 등의 구성이 어려워 소잉관련 교육을 포기하셨던 분.
아이를 키우면서 여유시간으로 부업을 하고 싶으신 분.

'저자본/ 고수익률/ 교육자료/ 장소제한' 등 모두 해결하였습니다.

모집일자	3,5,7,9,11월 공개모집 및 상시모집
조 건	자켓 봉제 수준 이상
과 정	강사모집 확인 – 강사신청 – 강사자격 획득 – 교육장 오픈
강사반 수강	강사에게 수강신청 – 취미반 수강 – 강사반 교육 – 강사자격 획득 – 교육장 오픈

패션 소잉을 배우고 싶다면?

기초부터 의상 봉제를 배우고 싶었지만 마땅한 교육기관을 찾지 못하셨던 분.
타 교육기관의 교육에 만족하지 못하셨던 분.
실용 의상 위주로 배워 내가족에게 나만의 스타일의 의상을 입혀주고 싶으신 분.

인증된 전문강사에게 초급부터 고급봉제까지 체계적으로 교육받으실 수 있습니다.

모집일자	상시모집 (교육장은 패션스타트 사이트 참조)
신청방법	패션스타트 사이트 – FSA 강사 안내 페이지 – 교육장 안내를 참조하여 거주지와 가장 가까운 강의장 확인 – 강사 연락처로 연락하여 수강 문의

교육 과정 : 초/중/고급 3단계로 각 과정 50아이템씩 원하는 디자인으로 교육
교육 자료 : '원단, 부재료, 패턴' 패키지 / 강사용 교재 / 수강생 노트 / FSA 소개책자 등
 ※ 자세한 교육비와 교육 과정은 패션스타트 사이트 참조 (문의 : 070-4014-3220)

FSA 교육 과정

패키지 따로 구성하실 필요 없습니다! 원단, 부재료, 패턴까지 모두 구성되어 있습니다.
간단하게 패키지만 구입하셔서 교육하고 교육 받을 수 있어 너무 편하답니다~

초급과정 15 ITEM

기본 봉제 스킬을 배우는 과정으로 오버록을 이용한 시접처리법, 바이어스를 이용한 활용법, 주름잡는 법, 레이스, 와펜 다는 방법 등 기초 봉제를 간단한 의상을 제작하면서 익힙니다.
기법이나 디자인은 간단하지만 가장 많이 활용되는 기법들로 꼭 배우고 넘어가야 하는 과정이랍니다.

중급과정 15 ITEM

다양한 응용 패턴과 응용 봉제법을 배울 수 있는 과정으로 다양한 트임, 네크라인 봉제법, 시보리 다는법, 단추구멍 뚫는 법등을 배우고 특히 오버록을 이용한 다이마루 봉제를 100%활용할 수 있습니다.

고급과정 15 ITEM

최상급의 어려운 봉제과정으로 다양한 지퍼 활용법, 카라 봉제법, 주머니 다는법, 안감 봉제법을 배웁니다.
고급 봉제법까지 습득한다면 어떤 의상이던지 스스로 활용해서 제작할 수 있는 최고봉이 될 수 있습니다.

Academy

체계적이고 실용적인 패션 소잉 전문 교육프로그램

국내 최대 DIY 쇼핑몰 패션스타트와 FSA 사무국이 1년의 기간동안 준비한 국내 유일의 패션 소잉 교육 프로그램. 다년간 패턴 판매를 해온 패션스타트에서 추천하는 인기 아이템으로 구성된 교육 과정.

교육을 하고 싶은사람, 교육을 받고싶은 사람
모두를 만족시켜 줄 수 있는
최고의 프로그램은 바로 **FSA**입니다.

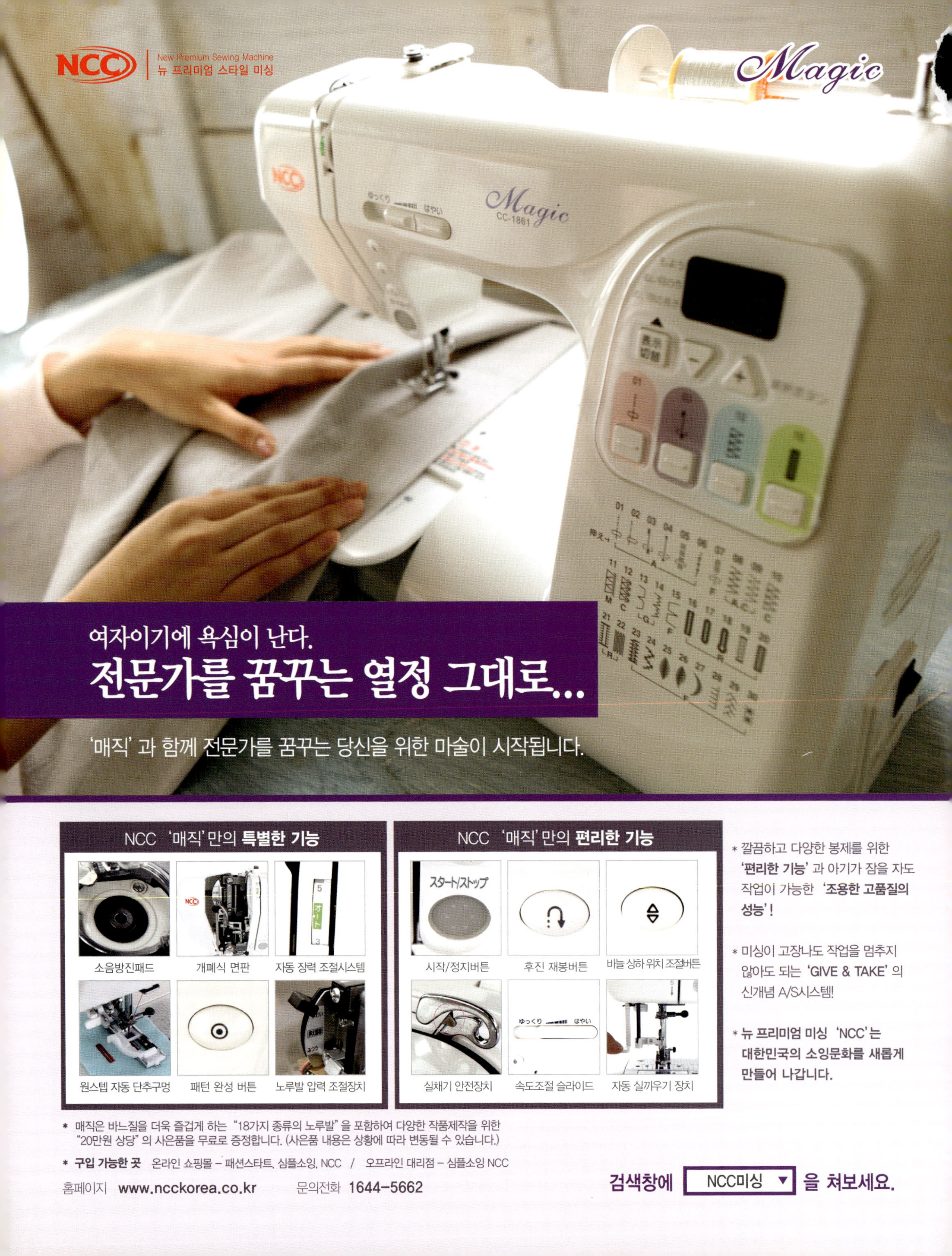

NCC | New Premium Sewing Machine
뉴 프리미엄 스타일 미싱

Magic

여자이기에 욕심이 난다.
전문가를 꿈꾸는 열정 그대로...

'매직' 과 함께 전문가를 꿈꾸는 당신을 위한 마술이 시작됩니다.

NCC '매직'만의 **특별한 기능**

- 소음방진패드
- 개폐식 면판
- 자동 장력 조절시스템
- 원스텝 자동 단추구멍
- 패턴 완성 버튼
- 노루발 압력 조절장치

NCC '매직'만의 **편리한 기능**

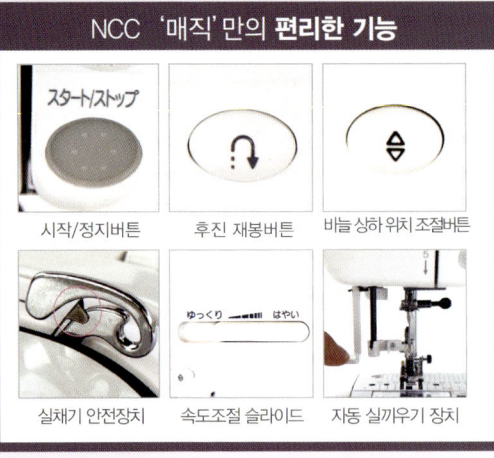

- 시작/정지버튼
- 후진 재봉버튼
- 바늘 상하 위치 조절버튼
- 실채기 안전장치
- 속도조절 슬라이드
- 자동 실끼우기 장치

* 깔끔하고 다양한 봉제를 위한 '편리한 기능' 과 아기가 잠을 자도 작업이 가능한 '조용한 고품질의 성능'!

* 미싱이 고장나도 작업을 멈추지 않아도 되는 'GIVE & TAKE' 의 신개념 A/S시스템!

* 뉴 프리미엄 미싱 'NCC'는 대한민국의 소잉문화를 새롭게 만들어 나갑니다.

---

* 매직은 바느질을 더욱 즐겁게 하는 "18가지 종류의 노루발"을 포함하여 다양한 작품제작을 위한 "20만원 상당"의 사은품을 무료로 증정합니다. (사은품 내용은 상황에 따라 변동될 수 있습니다.)

* 구입 가능한 곳   온라인 쇼핑몰 – 패션스타트, 심플소잉, NCC / 오프라인 대리점 – 심플소잉 NCC

홈페이지 www.ncckorea.co.kr   문의전화 1644-5662

검색창에  NCC미싱 ▼ 을 쳐보세요.